타인의 인정으로부터 자유로워지는 연습

누구의
인정도 아닌

타인의 인정으로부터 자유로워지는 연습

누구의 인정도 아닌

이인수 · 이무석 지음

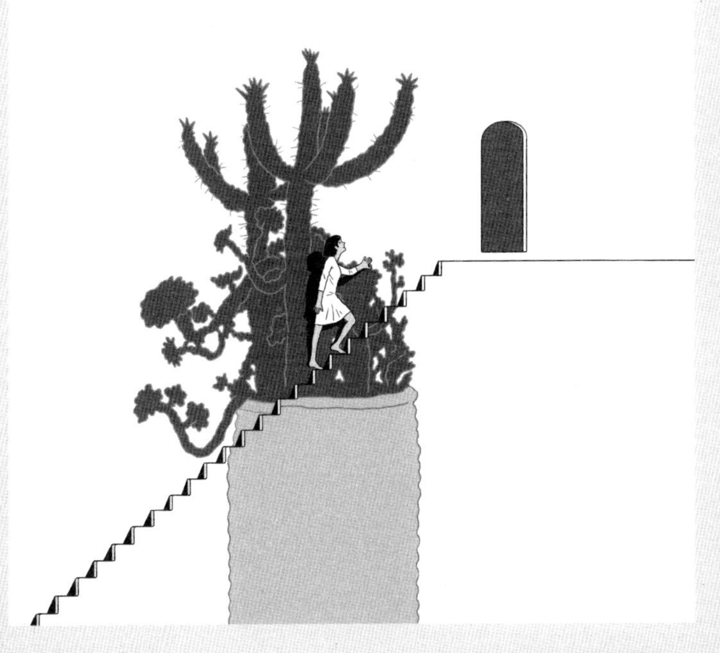

위즈덤하우스

프롤로그 타인의 인정으로부터 자유를 찾는 여정

"싫을 때는 '싫어요'라고 말하라!"

자유로운 삶을 갈망하는 이들에게 흔히 하는 조언이다. 또는 이렇게도 말한다.

"싫으면 싫은 대로, 좋으면 좋은 대로 감정을 제대로 느끼며 살아가라!"

"모든 사람에게 인정받을 필요는 없다. 자기 자신으로 살아가라!"

"그 사람이 없으면 살 수 없을 것처럼 의지하는 누군가가 있다면, 이제 그의 손을 놓아라. 그래야 자유인이 될 수 있다!"

이런 말들은 그럴듯하게 들리고 잠시 고개를 끄덕이게도 한다.

그러나 그 각성 효과는 오래가지 못한다. 또다시 남의 눈치를 보게 되고 싫어도 싫다는 소리를 하지 못한다. 화가 나도 화를 못 내고, 심지어 웃어 보이기까지 한다. 상대방을 실망시키면 큰일이 날 것 같기 때문이다. 아니, 사실 그렇게 큰일이 날 것도 없다는 것을 잘 안다. 이성적으로는 잘 알지만 마음이 그렇지 않다는 게 문제다. 인정받지 못할까봐 초조하다.

이런 자신에게 실망하고, 때로는 억울함을 느낀다. '나는 언제까지 이렇게 살아야 하는 거야?' 하는 생각에 답답하고 짜증도 난다. 왜 이렇게 되는 걸까? 파도가 파도 소리를 내듯이 나도 내 소리를 내며 독립적으로 살 수는 없는 걸까? 당당하고 떳떳하게 사는 것은 불가능한 일일까?

한마디로 답한다면, 가능하다. 쉬운 일은 아니지만 불가능한 일도 아니다. 이런 삶을 살고 있는 이유가 무엇인지를 찾아 풀어 가면 된다. 내 마음 안에 있는 문제는 내가 이해하는 만큼 치유되고 성장하기 때문이다.

이 책은 '인정중독'에 관한 책이다. 남들에게 인정받아야 비로소 안심이 되고 자신이 쓸모 있는 사람이 된 듯하다고 느끼는 사람들의 이야기다. 인정중독에 빠진 사람들은 타인의 평가에 유독 예민하다. 타인의 칭찬과 인정을 받아야만 마음이 안정된다. 그래야 자신의 가치도 확인된다. 이들에게는 '인정받는다'는 것이 엄청난 의미를 갖고 있다. 인생의 목표 자체가 인정받는 것이다. 개인적 행복이나 삶의 의미는 도리어 뒷전이다.

왜 이들은 타인의 인정에 집착하는가? 그렇게 되는 특정한 성격 유형이 있는가? 그리고 그 성격은 어디서 유래하는가? 어떻게 치료할 수 있는가? 이 질문들에 답을 찾는 것이 이 책의 핵심이다.

우리는 정신과 의사이자 정신분석가로서 인정중독으로 고생하는 많은 내담자를 만나보았다. 그들은 한결같이 남의 눈치 보기에 지쳤고 화가 나도 꾹꾹 눌러 참으며 살고 있었다. 한마디로, 억울하고 주눅 든 인생을 살고 있었다. 오로지 '좋은 사람'으로 인정을 받기 위해서 말이다.

이 책에 다양한 사례를 소개했는데, 모두 실제와 허구의 조합이며 우리의 실제 임상 경험과 외국 사례, 그리고 관련 서적과 학술 논문의 내용 들을 조합하여 재구성한 것이다. 특히, 임상 사례에서 나온 환자 정보는 의도적으로 철저하게 수정하여 독자들이 특정 개인을 식별하는 것이 불가능하도록 위장했다.

이 책을 통해서 독자들은 인정중독을 만드는 원인이 무엇인지

를 이해하게 될 것이다. 사회적 분위기와 문화적인 영향, 어린 시절의 영향, 부모와의 관계에서 받았던 심리적 상처 그리고 낮은 자존감이 어떻게 인정중독으로 이어지는지 그 과정을 보여주고자 한다. 특히 우리는 정신분석이라는 렌즈를 통해서 무의식에 숨어 있는 해답을 찾아보고자 한다. 즉, '인정받기'에 매달리는 심리의 숨겨진 해답을 찾아보겠다. 그리고 인정중독에서 벗어날 수 있는 구체적인 방향도 제시하려고 한다.

남에게 인정받지 못하면 살맛을 잃고 우울해지는 분들에게 이 책이 도움이 되기를 바란다. 필요하다면 남에게 싫은 소리도 하고 인정받지 못하더라도 자신의 목소리를 낼 수 있는, 자존감을 회복하는 계기가 되기를 바란다. 그럼으로써 '나 자신으로서 편하고 자랑스럽게 살아갈 수 있는 길'을 찾는 데 조금이나마 도움이 된다면 우리에게는 커다란 기쁨이 될 것이다.

마지막으로 이 책이 세상의 빛을 보도록 애써주신 위즈덤하우스에 감사한다.

2017년 8월

이인수 · 이무석

차례

5장 "실수하면 사람들이 나를 무시할 거야" 완벽주의 성격

6장 "다 양보하고 모두 포기해야 돼. 그렇지 않으면 버림받을 거야" 자기희생적 성격

7장 "내가 화내면 넌 더 크게 화내겠지" 분노 억제형 성격

1부

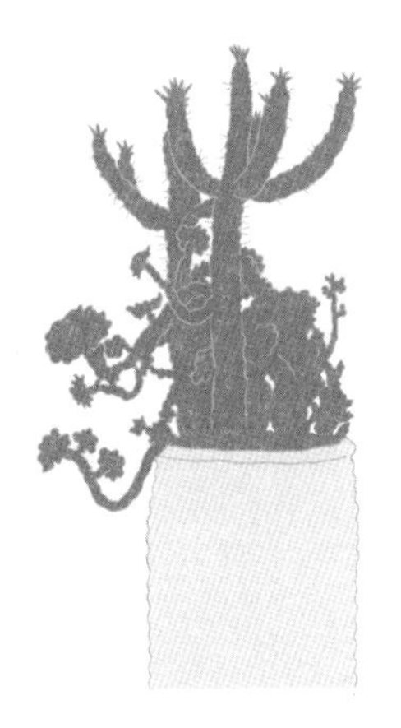

착한 사람,
인정의 사슬에 갇히다

1장

인정에 중독된 사람들

인정받기를 원하는 게 잘못된 걸까? 그렇지 않다. 오히려 매우 자연스럽고 건강한 욕구다. 하지만 누군가의 사랑과 인정을 받는 것이 내 삶의 전부가 되어버릴 때 문제가 된다. 인정을 받지 못했을 때, 거절당했을 때, 비난당했을 때 내 삶 전체가 허망하게 무너져버린다면 그것은 병적이다. 내 삶의 주도권을 타인에게 내주는 것이기 때문이다.

끝없는 배려 끝에 행복은 없었다

30대의 평범한 직장 여성인 하나 씨. 아침에 눈을 뜨면 제일 먼저 드는 생각이 이것이다.

'오늘 하루를 또 어떻게 보내지?'

이유 없이 마음이 무겁고 불안하다. 꼭 좋지 않은 일이 생길 것만 같다. 그런데 가만 생각해보면 특별히 걱정될 일이 있는 것도 아니다. 겨우 정신을 추슬러 출근 준비를 서두르지만 머릿속은 여전히 알 수 없는 불안감으로 가득하다.

'이 옷은 너무 화려한가? 이건 너무 칙칙하다고들 할 것 같고….'

거울에 옷매무시를 비춰보며 쉽게 결정을 내리지 못한다. 오늘 만날 사람들의 얼굴을 하나씩 떠올려본다. 동료, 팀장, 고객들, 남자친구…. 어떤 옷을 입어도 꼬투리가 잡힐 것 같다는 생각이 먼저 든다. 결국 언제나처럼 너무 튀지도 않고 어둡지도 않은, 누가 봐도 무난하다고 할 만한 옷을 걸쳐 입고 집을 나선다.

'오늘은 인사를 어떻게 하지? 어떤 이야기를 해야 할까?'

회사에 도착할 때까지 머릿속이 바쁘다. 아침 인사, 벌써 몇 년째 반복되는 일인데도 하나 씨한테는 늘 커다란 숙제다. 자신이 사무실에 들어설 때마다 다들 벼르고 지켜보는 것만 같다. 그래서 고개를 숙인 채 어색한 웃음을 지으며 잽싸게 자기 자리로 가는데, 그 몇 걸음 안 되는 거리가 너무나 멀게만 느껴진다. 오늘도 어김없이 거쳐야 하는 그 순간을 떠올리며 하나 씨는 마음의 준비를 한다. 준비를 하지 않고는 사람들을 만날 수가 없다. '혹시라도 나를 싫어하게 되면' 큰일이기 때문이다.

사실, 하나 씨는 누구에게나 '착한 사람'이라는 말을 듣는다. 늘 상냥하고, 누구하고도 갈등을 만들지 않는다. 누가 아무리 어려운 부탁을 해도 거절하는 법이 없다. 화를 내는 일은 더더욱 없다.

직장에 들어와 만난 남자친구에게도 마찬가지다. 하나 씨는 한결같이 말 잘 듣고 배려심 많은 여자친구다. 그러나 속으로는 걱정이 크다. 남자친구가 자신을 싫어하고 떠나버릴까봐 초조하다. 그래서 남자친구가 원하면 뭐든 다 들어주었고, 항상 기쁘게 해주려고 노력했다. 사귄 지 얼마 되지 않아 남자친구와 성관계를 갖게 된 것도 그런 이유 때문이다. 사랑의 확인이나 성적 즐거움 때문이 아니었다. 남자친구가 떠나지 못하게 하려고 육체를 허락

했다. 그러나 일단 관계가 시작되자 남자친구는 만날 때마다 성관계를 요구했다. 때로는 자신을 만나는 이유가 성적 욕구를 해소하기 위해서인 것 같다는 생각도 들고, 자기를 쉬운 여자로 보는 것 같아서 속이 상했다. 만나고 돌아오면 늘 후회하고 자책했다. 그러나 싫은 내색은 할 수가 없다. 거절하자니 떠날까 무섭고, 응해주자니 자존심이 상하고 화가 난다. 이럴 수도 저럴 수도 없는 딜레마가 이어지고 있다.

하나 씨는 윗사람들과의 관계도 무척 어렵다. 특히 김 팀장에게는 그 존재만으로도 엄청난 스트레스를 받는다. 중년 남성인 김 팀장은 완벽주의자다. 사소한 것도 너그럽게 보아 넘기는 일이 없고, 직원 중 누가 작은 실수만 해도 불같이 화를 낸다. 팀장의 지적을 받으면 하나 씨는 몸이 마비되는 것처럼 굳어지고, 몹시 불안해진다. 머릿속이 하얘져서 할 말이 생각나지 않는다. 팀장이 시키는 일은 싫어도 거절하지 못할 뿐만 아니라, 완벽하게 해내야 하기에 다른 일보다 몇 배나 더 시간을 투자해야 한다. 휴가를 미루기도 하고, 주말에 나와 일한 적도 많다. 그 덕에 어쩌다가 팀장한테 잘했다는 얘길 듣기도 했지만, 기쁨이나 안도감은 잠시뿐이다. 언제 또 무슨 일이 생겨 큰소리를 들을지 모른다는 생각에 금세 불안해지곤 했다. 회사에 있는 동안에는 늘 그런 상태다. 그런데 요즘에는 집에 와도 편치 않다. 잠도 오지 않는다. 이유 없이 불안하고 긴장된다. 말할 수 없을 만큼 피곤이 밀려오고, 가끔씩

욱하고 화가 치밀 때면 회사를 그만두는 상상도 한다.

하루 일을 마치고 돌아온 하나 씨의 마음은 지쳐 있고 우울하다.

'그냥 가만히 있을걸 뭐하러 그런 말을 했을까. 무식하다고 흉 보겠지.'

개운치 않은 어떤 순간이 떠올라 자책과 후회가 밀려온다.

'아, 핸드백 예쁘다고 내가 먼저 말했어야 하는데. 어쩌지? 상당히 서운해하는 얼굴이었어.'

오늘 만난 친구의 표정이 생생하다. 하나 씨는 사람들을 만날 때마다 그들을 칭찬할 말을 찾곤 했다. 대화를 부드럽게 풀어가기 위해서다. 그러다 보면 자신이 실제로 느끼는 것보다 과장해서 칭찬하게 되기 일쑤이고, 그러고 있는 자신에게 화가 나고 부끄러움을 느낄 때도 있다.

하나 씨는 하루 일을 곱씹으며 자신이 했던 말이나 행동, 그때 상대의 표정을 다시 생각해내고 후회를 반복한다. 그러노라면 '나는 내 모습대로 살지 못하고 있구나' 하는 생각이 늘 따라붙는다. 가면을 쓰고 하루를 산 것 같다. 다른 사람들이 원하는 모습에 따라 만들어진 가면이다. 위선자가 된 것 같다. 허탈하다. 누구와도 편하게 지낼 수 없는 자신이 한심하고 부끄럽다. 알맹이 없는 껍데기, 늘 다른 사람의 마음을 읽느라 바쁜 자신의 모습에 우울해진다.

하나 씨의 이 모든 행동에는 한 가지 목적이 있다. 바로 상대에게 인정을 받는 것이다. 예컨대, "하나 씨는 좋은 사람이야", "하나 씨는 매력적이야", "하나 씨는 유능해"와 같은 말을 듣고 싶은 것이다. 그래야 안심이 된다. 하나 씨는 '인정중독(approval addiction)'이다.

나의 가치를 타인의 인정에서 찾는 사람들

정도의 차이는 있겠지만, 하나 씨와 같은 사람은 주변에서 흔히 볼 수 있다. 어쩌면 나의 모습일 수도 있다. 타인의 비난과 거절이 두려워 눈치 보며 카멜레온처럼 살아가고 있진 않은가?

정신분석가인 우리는 내담자들에게서 이런 말을 자주 듣는다.

"나는 나 자신의 모습대로, 내 목소리를 내며 살고 싶어요. 그러나 그렇게 살아가기가 너무나 어려워요. 어느새 머릿속으로 상대가 뭘 원할까를 생각하고 있는 나를 발견할 때, 정말 한심스러워요. 하지만 늘 반복되죠. 이런 제가 싫고 짜증이 나요!"

스스로 심리적 감옥(psychological prison)에 갇혀 살고 있다는 말이다.

그렇다면, 인정받기를 원하는 게 잘못된 걸까? 그렇지 않다. 오히려 매우 자연스럽고 건강한 욕구다. 특히, 내가 사랑하고 존경하는 사람에게 인정받고 싶어 하는 마음은 전혀 이상하지도 않고 병리적인 것도 아니다. 누군가가 나를 좋아해주기를 바라는 마음,

그것은 인간 본성이기 때문이다. 하지만 누군가의 사랑과 인정을 받는 것이 내 삶의 전부가 되어버릴 때 문제가 된다. 인정을 받지 못했을 때, 거절당했을 때, 비난당했을 때 내 삶 전체가 허망하게 무너져버린다면 그것은 병적이다. 단지 타인의 인정을 받는 데에 내 삶의 소중한 것들을 모두 걸어버린다면, 몹시 억울하고도 불행한 삶을 살 수밖에 없다. 내 삶의 주도권을 타인에게 내주는 것이기 때문이다. 다른 사람에게 조종당하며 산다면, 그것은 노예의 삶이 아니고 무엇이겠는가.

'인정중독'은 타인에게 인정받을 때만 자신의 가치를 확인할 수 있는 심리 상태에서 생겨난다. 나로 인해서 상대방이 기뻐하거나 만족할 때 안심한다. 사는 의미도 느껴진다. 반대로, 상대방에게 인정받지 못하면 자신이 아무런 가치도 없는 존재로 느껴진다. 기분이 순식간에 곤두박질치고 의기소침해진다.

'중독'되었다는 것은 어떤 대상에 심각하게 의존한다는 말이다. 그 대상이 없이는 살 수 없게 된 상태다. 예컨대, 마약에 중독된 사람들은 마약에 의존하기 때문에 마약 없이는 살 수 없다. 마약이 주는 강력한 만족감에 사로잡혀 있기에 마약에서 떨어져 나와 독립할 수 없다. 더욱이 마약은 일단 중독이 되면 점점 더 용량을 늘려야 만족감을 느낄 수 있다. 중단하면 극심한 금단 증상이 나타난다. 안절부절못하고 온몸이 떨린다. 몸과 마음이 몹시 괴롭고 힘들어지며, 마약 외에는 어떤 것도 의미를 갖지 못하게 된다.

그래서 이런 불쾌감을 피하고 만족감을 유지하기 위해서 점점 더 강한 마약을 찾게 된다. 이를 정신의학에서는 내성(tolerance)이 생겼다고 하는데, 결국 마약의 노예가 되었다는 뜻이다.

인정중독도 마찬가지다. '타인의 인정'이라는 심리적 마약에 의존하며, 그것이 없으면 살 수 없다. 인정받지 못한다고 여기는 순간, 견디기 힘든 불안을 느끼고 극도로 우울해진다. 인정에 중독되면 이런 심리적 고통에서 벗어나기 위해 '인정받는 경험'을 목마르게 찾아다닌다. 그러다가 일단 인정을 받으면 심리적 고통이 신속하게 사라진다. 마약중독자가 마약을 맞은 상태와 같다. 인정 경험은 즉각적으로 효과를 보이는 특효약이다. 하지만 한번 인정을 받았다고 하더라도 그 효과는 오래가지 못한다. 그뿐 아니라 심리적 고통의 일부, 특히 자기 가치에 대한 불안감은 여전히 해결되지 못한 채로 남아 있다. 그래서 자기를 인정해줄 또 다른 사람을 찾아 나선다.

이렇게 자기 가치에 대한 의심이 지속되는 동안, 인정에 대한 배고픔은 채워도 채워도 채워지지 않는다. 인정을 받아도 마음이 금세 불안하고, 위태롭고, 고통스러워진다. 해결되지 않은 자기 회의(self doubt)의 고통은 날로 심해지고, 그 고통에서 벗어나기 위해 전보다 더 강한 인정과 사랑을 찾는다. 이렇게 인정 추구는 점점 더 강력하고 집요해진다. 이런 현상을 '병적 인정 추구(pathological approval seeking)'라고 한다.

이 상태에 이르면 모든 관심이 '다른 사람은 나를 어떻게 생각할까?', '나를 싫어하지 않을까?'에 집중된다. 매 순간 초조하게 '나는 인정받았는가?'를 걱정하게 된다. 진정한 자기 자신으로 살 수가 없고, 타인의 인정을 받기 위한 삶을 살게 되는 것이다.

그런데 남에게 '좋은 사람'이란 평가를 받기 위해서는 수없이 많은 가면이 필요하다. '이런 표정을 지으면 그가 좋아할 거야', '이런 말을 하면 나를 좋게 보겠지?' 하면서 끊임없이 계산을 하게 된다. 그러다 보면 참 자기(true self)는 소외되고, 타인이 원하는 모습인 거짓 자기(false self)로 살아가게 된다. 거짓 자기의 삶을 살게 되면 자신이 진짜 원하는 것이 무엇인지 알 수 없게 되고, 진짜 내 모습이 무엇인지도 혼란스러워진다.

거짓 자기라는 용어를 처음 사용한 사람은 영국의 정신분석가 도널드 위니캇이다. 엄마가 아기의 감정과 필요를 공감해주지 못하고, 과도하게 통제하거나 너무 방치할 때 문제가 발생한다고 지적한다. 아기 입장에서는, 엄마에게 강요당하고 버림받는 경험을 반복해서 '당하는' 상황이 되어버린다. 이때 연약한 아기는 생존을 위해, 그리고 엄마를 잃어버리지 않으려고 자기 욕구(주도권과 자발성)를 포기하고 엄마의 요구에 순응하기 시작한다. 그 결과 점차 참 자기는 마음속 깊이 숨고 타인이 원하는 것에 자기를 맞추는 거짓 자기가 생겨난다고 보았다.

모두에게 인정받아도 해결되지 않는 불안

흥미롭게도, 인정에 중독된 사람들을 보면 주변 사람들에게 인기가 높은 사람이 많다. '남을 잘 배려하는 겸손한 사람'이라는 평가도 받는다. 하기야 그런 평가를 받으려고 끊임없이 노력하는 사람이므로 한편으로는 당연한 결과다. 하지만 그 인기는 알고 보면 비싼 대가를 치르고 얻은 것이다. 자신의 욕구는 항상 뒷전에 두고 상대방의 요구를 우선시해서 얻은 것이니 말이다.

인정중독자는 표면적으로는 착한 사람, 긍정적인 사람, 순한 사람으로 비친다. 그래서 '착한 사람 콤플렉스', '스마일 페이스 증후군(smile face syndrome)'이라는 말까지 생겼다. 하지만 정작 자신은 행복하지 않다. 마음이 텅 빈 방처럼 공허하고, 이유를 알 수 없는 우울에 시달린다. 사람들을 만날 때는 늘 불안하고 긴장된다. 잘 보여야 한다는 강박이 자신을 짓누르기 때문이다. 때로는 무시당했다는 느낌이 들어 속으로 화가 끓어오르기도 한다. 이렇게 괴로운데도 자신의 속마음을 누구에게도 털어놓지 못한다. 왜냐하면 나약하고 옹졸한 사람이라고 평가받을까봐 두렵기 때문이다.

인정중독자는 쿨한 사람으로 평가받아야 한다는 생각에 사로잡혀 있다. 심지어 이웃집 강아지까지도 신경이 쓰인다. 온 세상이 나를 좋아해주어야 안심이 된다. 그럴 수 없다는 것을 자신도 잘 알지만 목마른 사슴처럼 끊임없이 인정을 갈망한다. 모두에게 인정받고 사랑받고 싶어 한다.

그렇다면, 무엇이 인정중독을 만들어내는 걸까? 답은 단순하지 않다. 하지만 그 사람이 속한 집단의 분위기가 인정중독을 일으키는 중요한 인자가 된다는 사실은 의심의 여지가 없다. 가정, 학교, 직장, 종교, 국가라는 울타리 안에 인정중독의 토양이 되는 사회적 압력이 존재한다. 그 압력이란 구체적으로 무엇일까? 인정중독을 만들어내는 사회적 토양을 살펴보자.

2장

나의 자존감을 무너뜨리는 그들

'고통은 좋은 것'이라고 가르치는 사회가 인정중독을 만들어낸다. 이제 우리 사회는 성공에 대한 관점을 건강하게 바꿔야 한다. '성취한 만큼 성공한 것'이 아니고, '행복한 만큼 성공한 것'이다. 행복은 자기만의 고유한 욕구를 실현할 때 느낄 수 있다. 이런 만족을 경험하면 남과의 비교를 통한 패배감이나 우월감에서 벗어나게 된다.

늘 남의 평가가 두려운 이유

어느 날, 40대 초반의 한 여성이 분석실을 방문했다. 대학교수라고 했다. 그런데 스스로 자신이 못났다는 생각만 들고, 늘 자신감이 없다는 것이다. 때로 공허감이 덮쳐오면 딛고 있는 땅이 꺼지는 듯 막막하기만 하다고 했다. 너무나 괴롭고 우울해서 찾아왔노라고 말문을 열었다.

사실 김 교수는 인기가 좋은 사람이다. 동료 교수들뿐만 아니라 제자들과 친구들에게도 '남을 잘 챙겨주는 사람'으로 알려져 있다. 예의 바르고 양보 잘하고 남의 말을 귀 기울여 들어주는 사람이었다.

그런데 어느 날, 친구 하나가 이런 말을 했다.

"나는 네가 너무 좋아. 지구상에 단 한 사람의 친구를 꼽으라면 주저하지 않고 네 이름을 댈 거야."

그 말을 듣고 김 교수는 당황했다. 자기는 그 친구를 그렇게 가까운 사람이라고 느끼지 않았기 때문이다. 순간, 그 친구가 한 말은 자기에게 단짝 친구처럼 잘해달라는 요구로 들렸다. 몹시 부담스러웠다.

김 교수가 이런 말을 듣게 된 건 남들 비위를 잘 맞춰왔기 때문이다. 하지만 정작 그녀의 속마음은 겉으로 보여주는 모습과 차이가 있었다. 친구의 비위를 맞춰주는 역할은 잘할 수 있었지만, 무엇 때문인지 단짝 친구는 될 수 없었다. 주위에 자신을 찾는 친구는 많지만 그녀는 늘 외로움을 느꼈다. 그런데도 그녀는 사람들에게 마음을 열 수가 없었다. 왜일까? 자신의 진짜 모습, 부족한 모습을 숨기고 완벽한 모습만을 보여주어야 한다고 생각했기 때문이다. 결함을 보이면 다들 실망하고 떠나버릴 것이라는 두려움이 너무나 컸다. 이런 두려움은 김 교수의 무의식에 깊이 뿌리내리고 있었다.

김 교수가 네 살 때 남동생이 태어났다. 그와 동시에 부모님의 관심이 남동생에게로 옮겨갔다. 어머니도 그랬지만, 특히 아버지는 눈에 띄게 아들을 예뻐하셨다. 남아 선호 사상이 유별난 집안이었다. 이런 분위기에서 어린 김 교수는 외톨이가 되었다. 어머니, 아버지와 남동생이 안방에서 웃음꽃을 피울 때 그녀는 혼자 방문 밖에 있었다. 누구도 그녀를 부르지 않았고, 혹시나 방해가 될까 싶어 그녀 자신도 선뜻 들어가지 못했다.

자라는 동안 남동생은 마음껏 특권을 누렸고, 어린 김 교수는 동생에게 모든 것을 양보했다. 동생을 사랑하는 마음이라기보다는 아버지의 관심을 끌기 위해서였다. 공부도 열심히 해서 항상 일등을 했다. 대학생이 되어 장학금을 타게 되자, 그때마다 꼭 아버지께 선물을 사드렸다. 아버지의 눈치를 보며 비위를 맞추는 것이 인생의 목표가 돼버렸다. 아버지의 눈 밖에 나는 것은 상상만 해도 두려웠다. 마음이 무너지는 것 같았다.

'나는 계집애야. 나는 부족해! 하지만 동생은 사내니까 특권을 누릴 만해.'

김 교수의 열등감은 여기서 기인한 것이었다. 집안의 남아 선호 사상이 '남자는 여자보다 우위에 있다'는 위계질서를 만들어버렸다. 김 교수의 마음 한편에는 이런 아버지에 대한 증오심도 숨어 있었다. 그러나 받아들이기에는 너무나 두려운 감정이었다. 문득 증오심이 고개를 내밀 때마다 김 교수는 죄라도 지은 기분이 들어 서둘러 억누르곤 했다.

'아버지를 미워하면 안 돼! 다 나 잘되라고 저러시는 거야.'

그 죄책감을 덜기 위해서 아버지께 더 잘해드렸다.

정신분석을 받으며 김 교수는 자기 내면세계를 이해하게 되었다. 동생에게 사랑을 빼앗기고 두려움에 빠진 어린 자신, 아버지의 사랑을 받기 위해 필사적으로 노력하는 '마음속의 아이(child-within)'를 만나게 되었다. 동생을 돌보고 양보한 것, 열심히 공부한 것, 장학금과 선물, 그리고 대학교수가 된 것까지도 모두가 아버지에게 인정받으려는 마음속 아이의 피나는 노력이었다. 그리고 지금은 무의식에서 남들을 아버지와 동일시하고 있었다. 이미 성인이 됐고 제자를 키우는 교수임에도, 마음속 아이는 어릴 때의 두려움에서 벗어나지 못하고 남의 비위를 맞추고 인정받는 일에 몰두하고 있었다.

이렇게 복잡한 감정 하나하나를 꺼내 살펴보고 어루만지는 동안, 김 교수는 마음속 아이로부터 벗어났다. 아버지에 대한 감정도, 자연스러운 부녀지간의 감정으로 회복되었다. 말기 암으로 투병 중인 아버지를 간호하고 임종도 지켰다.

아버지의 병간호를 하던 어느 날, 병상을 지키다가 잠이 들었다. 머리에 손길이 느껴져서 잠을 깼다. 아버지께서 머리를 쓰다듬고 계셨다. 자기 때문에 고생하는 딸이 안쓰럽고 고마우신 듯했다. 김 교수는 그대로 아버지의 손길을 느끼고 있었다. 그러면서 김 교수는 자신이 변화했음을 깨달았다. 전 같으면 후다닥 일어나 "아버지, 뭐 필요한 것 있으세요?" 하면서 허둥거렸을 텐데 말이다. 그리고 '이게 부녀지간의 관계야'라고 생각했다. 행복했다. 아버지의 인정을 받으려고 노심초사하는 아이의 모습은 이제 김 교수 안에서 찾아볼 수 없었다.

고통은 좋은 것이라고 가르치는 사회

인정중독이 자라는 사회는 개인에게 고통을 강요하는 사회다. 고통을 참아내고 권위에 복종(submission)해야만 사랑받을 수 있다고 가르치는 사회가 인정중독을 만들어낸다. '고통은 좋은 것(Suffering is good)'이라고 가르치는 사회가 문제다. 효율성을 높이기 위해서는 윗사람의 명령에 일사불란하게 복종해야 한다고 강요하는 사회, 위계질서를 강조하고 복종과 수동성(passivity)을 강요하는 사회, 이런 사회가 인정중독을 조장한다.

슬프게도, 한국 사회에는 이 패러다임이 매우 뿌리 깊게 자리 잡고 있다. 우리 사회에 존재하는 세 가지 압력을 살펴보자.

"성공하고 싶은가? 복종하라, 희생하라, 겸손하라!"

첫 번째 사회적 압력은 위계문화다. 인정중독 사회는 위계질서로 사회구조를 유지한다. 군대 문화, 다시 말해 '계급장 문화'라고 할 수도 있다. 구성원들은 수직적으로 서열화된다. 늘 '누가 나보다 위에 있는가', '누가 나보다 아래에 있는가'를 살피며 내 자리를 찾아야 한다. 그리고 자리에 맞게 행동해야 한다.

그렇다면 나의 위치를 정해주는 건 누구인가? 나보다 높은 자리에 앉은 사람이다. 개인은 무시된다. 개인의 내적인 강점이나 성숙도는 중요하지 않다. 비교가 가능한 외적 기준에 따라 사람의 자리가 정해진다. 계급장이 곧 그 사람의 가치를 결정하는 것이다. 앞에서 소개한 김 교수의 예에서는 남아냐, 여아냐에 따라서 계급장이 달라졌다. 남근의 소유 여부에 따라 사회적 위치가 달라졌고, 어린 김 교수는 낮은 신분을 강요당했다.

이런 사회에서는 높은 자리에 앉은 사람, 즉 '갑'이 구성원들을 자기 뜻대로 좌지우지한다. 그리고 위계적으로 하위에 있는 사람, 즉 외적 기준이 낮은 사람에게는 '을'의 위치가 주어진다. 이 구조에서는 지배가 매우 효율적으로 이루어진다. 억울한 일이지만, 을의 개인적 감정이나 욕구는 언제든 희생될 수 있다. 위계질서를 중시하는 사회에서는 권위자를 칭송하고 그에게 복종하는 것이 미덕이다. 힘은 언제나 권위자의 것이고 을은 힘을 가져서는 안 된다. 높은 자리를 탐내서도 안 된다. 힘 있는 윗사람에게 잘 보여야 하고 낮은 자리에 만족해야 한다. 그래야 비난을 피할 수 있고 '괜찮은 사람'이라고 인정받는다.

사회적으로 성공하려면 위계질서를 충실히 따라야 한다. 나보다 위에 있는 권위자에게 인정받아야 한다. 그러기 위해서는 나를 희생해야 한다. 대(大)를 위해서 소(小)를 희생해야 한다. 집단의 가치를 유지하기 위해서 개인의 합리적 목소리는 희생돼야 한다. 이것이야말로 인정중독이 자랄 수 있는 매우 훌륭한 토양이다.

"인정받기 원하는가? 최고가 되라, 완벽하라!"

두 번째 사회적 압력은 강박적 경쟁이다. 요즈음 한국 사회에는 '반드시 성공해야 한다. 최고가 되어야 한다'라는, 성공을 향한 강박적인 집착이 만연해 있다. 성공을 위해서는 경쟁에서 살아남아야 한다. 한국의 학생들은 살인적인 학업 스트레스를 견뎌야 한다. 졸업 후 직장에 들어가고 나서도 살아남기 위해 또다시 피가 튀는 경쟁을 해야 한다. 더 높은 성취를 위해서는 경쟁을 피할 수 없다.

경쟁에서 이기고 인정받기 위해서는 완벽해야 하고, 완벽하기 위해서는 자신을 더 채찍질해야 한다. 전쟁 같은 경쟁에서 살아남기 위해서 자신의 욕구나 자존심을 희생시키는 것은 당연한 일이다. 개인의 특성, 즉 개성은 비효율적이며 무질서를 초래하는 위험한 것으로 취급된다. 이런 사회가 인정중독을 만든다. 김 교수는 항상 일등을 했다. 완벽하지 못하거나 최고가 되지 못하면 살아남을 수 없다고 믿었기 때문이다. '완벽한 인간이어야 한다. 빈틈을 보이면 끝장이다'라며 이를 악물고 경쟁에 임했다.

이러한 사회에서 성공한 사람들은 강박적인 성향을 가진 사람들이다. 즉, 완벽주의자들이다. 강박적인 사람은 모든 일에 정답이 존재한다고 믿는다. 이들은 '성취한 만큼이 성공이다'라고 믿는다. '얼마나 높이 올라갔는가', '얼마나 많은 것을 생산했는가', '얼마나 많은 돈을 벌었는가', '얼마나 경쟁에서 이겼는가'가 성공의 기준이다. 안타깝게도, 이것은 개인의 행복을 심각하게 위협하는 논리다. 행복해지려고 일류 대학도 나오고, 돈도 벌고, 높은 자리에도 올라갔는데 전혀 행복하지 않다는 사람이 많다. 성취를 추구하다가 오히려 행복을 잃어버린 것이다.

"어쩌면 고통이 더 좋은 것을 가져다줄 거야!"

세 번째 사회적 압력은 고통의 미화와 강요다. 우리는 얼마나 고통에 무감각해져 있는가? 타인에게 모욕감을 주는 가학적인 드라마, 신체가 훼손되는 영화나 게임이 일상적인 것이 되어버렸다. TV나 인터넷에서 독설을 뿜어대는 사람일수록 대중의 인기를 얻는다. 고통은 자연스러운 것이며, 고통에 무뎌져야 한다고 말하는 것 같다. '고통이 없으면 얻는 것도 없다(No pains, no gains)'는 말을 당연한 진리로 알고, 그것을 교육 이념으로 삼기도 한다. 어떤 부모는 아이들이 받은 고통만큼 보상해주는 방식으로 양육을 하기도 하고, 심지어 고통을 겪는 과정에서 즐거움을 찾으라고 요구하기도 한다.

고통을 미덕으로 삼는 사회는 위험하다. 이런 사회에서는 학대를 받고도 참아야 한다. 아프다고 말하는 것은 나약한 인간이나 하는 행동이다. 나도 모르는 사이에 무의식에서는 '고통은 좋은 것'이라고 느끼기까지 한다. 자해와 자살의 심리 저변에는 이처럼 위험한 믿음이 있다. 자살은 자신의 고통을 외면하려는 시도이자,

뒤에 남을 사람들의 고통 또한 외면하는 것이다. 때로 '내 한 몸 없어지면 해결될 일'이라며 자살을 선택하는 사람도 있다. 이것은 매우 안타까운 결론이다.

독설은 타인에게 모욕감과 같은 극심한 고통을 줄 수 있다. 타인에게 수치심을 주고 삶까지 파괴하고도 상대방이 얼마나 아파할 것인지에 대해서는 무감각한 사람들이 있다. 세월호 사건의 희생자들을 모욕하는 글을 인터넷에 올렸던 사람들, 그들의 심리에서 타인에게 고통과 모멸감을 주고 싶어 하는 가학성(sadism)이 보인다. 그러한 독한 마음은 어디에서 왔을까? 타인의 고통에 공감하지 못하는 그들도 우리 사회의 어딘가에서 그런 일을 당한 경험이 있고, 이제는 가해자가 됨으로써 그 경험에서 벗어나려 하는 것인지도 모른다. 가혹한 상처 속에서 자란 사람에게는, 타인에 대한 공감 능력이 자라나기 힘들기 때문이다.

'겸손한 약자'에게 수치심은 필연이다

우리 사회는 왜 이처럼 병들게 되었을까?

첫째는 위계문화의 폐해다. 한국 사회는 지난 반세기 동안 전 세계에서 유례를 찾을 수 없을 만큼 눈부신 외적 성장을 이루었다. 그토록 짧은 기간에 한국 사람들이 이루어낸 근대적 도시 사회는 세계인들을 놀라게 했다. 이처럼 빠른 성장을 가능하게 한 것이 특유의 위계 문화였다. 기업들은 군대였고, 비즈니스는 전쟁이었다. 그리고 집단을 위해 개인적 자유를 희생하는 것은 당연한 일이었다.

하지만 안타깝게도, 그 찬란한 성장의 그늘에서 심각한 사회 병리(social disease)가 자라고 있었다. 대한민국의 자살률은 OECD 국가 중 수년째 1위를 차지하고 있다. 심각하게 높은 우울증 발생 빈도를 비롯하여 분노 범죄, 묻지마식 살인, 약자에 대한 폭력, 따돌림, 성범죄 등의 증가는 한국 사회가 가진 매우 위험한 사회 병리의 증상들이다.

위계 사회가 유지되기 위해서는 구성원들의 공격성, 적대감, 분노는 철저하게 억제되어야 한다. 권위자에게 자기 의견을 주장하는 것은 용납할 수 없는 행동이다. 심지어 권위자와 다른 의견을 갖는 것조차 용납되지 않는다. 다른 의견은 적대적 행위이며, '룰'을 어기는 반항으로 해석된다. 혹시라도 그런 기색을 보이면 곧 "애가 건방져", "싸가지가 없어"라는 비난이 쏟아진다. 권위자들은 자신들이 만든 법과 제도, 원칙과 정책에 반대하는 사람들을 적으로 규정하고 무자비한 폭력으로 억압한다. 이것이 위계 사회다.

그러나 건강한 성인은 필요할 때는 권위자에게도 할 말을 할 수 있어야 하고, 따질 건 따질 수 있어야 한다. 이것을 금지하고 분노를 과도하게 억누르면 심각한 부작용이 생긴다. 인간은 분노를 끝까지 억누르고 살 순 없다. 그래서 나름대로 억눌린 분노를 처리하는 분출구를 찾아낸다. 예컨대 '분노 범죄'도 하나의 분출구일 수 있다. 한국 사회의 다양한 중독 현상, 왜곡된 성 문화와 지나친 술 문화도 과도하게 억압된 공격성이 분출되는 것으로 볼 수 있다.

그다음 문제가 과도한 경쟁이다. 예컨대, 교실에 앉아 공부하는 아이들을 보자. 저마다 가지고 있는 능력이 다른데도 모두가 수학과 영어를 잘해야 한다. 아이들은 이유도 모르는 채 경쟁에 떠밀려 달려가야 한다. 자기가 원하는 것이 무엇인지 생각해볼 틈도 없이 성공이라는 강요된 목표만을 따라 경주마처럼 숨차게 달려간다. 성공한 사람들을 부러워하면서, 자신은 부족하고 초라하다고 느낀다.

그런 삶에서 만족감은 찾아보기 힘들다. 무엇보다도 내가 내 삶의 주체가 되지 못한다. 내가 무엇을 원하는지도 모르고 무작정 달려가는 삶이며, 부모나 환경에 의해서 주어진 목표를 따라 사는 수동적인 사람이 된다. 노력 끝에 아무리 많은 것을 성취해도 개인적인 만족이 없다. 삶의 주인이 내가 아니기 때문이다. 내 삶의 주도권을 가져본 적이 없기 때문에 나를 이끌고 통제해줄 누군가가 늘 필요하다. 그러므로 경쟁 사회에서 개인은 심리적으로 독립하기가 참으로 어렵다. 심리적 독립 없이는 진정한 자존감(self-esteem)도, 진정한 행복도 경험하기 어렵다.

이제 우리 사회에는 성공에 대한 건강한 관점이 필요하다. '성취한 만큼 성공한 것'이 아니고, '행복한 만큼 성공한 것'으로 재정의되어야 한다. 행복은 자기가 진정 원하는 바를 성취해가는 과정에서 느끼는 것이다. 자기만의 고유한 욕구를 실현할 때 깊은 개인적 만족감을 느낄 수 있다. 이런 만족을 경험한 사람들은 나보다 더 많이 가진 사람을 만나도 패배감을 느끼지 않는다. 이런 행복을 누리는 사람은 자기 자신으로서 만족하기 때문에 비교를 통한 심리적 우월감에 의지할 필요가 없다. 즉, '나는 저 애보다 더 많은 것을 가졌기 때문에 훌륭해' 하는 비교의식을 버릴 수 있다. 그저 자기로서 행복할 수 있다. 자기가 원하는 것을 이미 갖고 있기 때문이다.

셋째는 '강박적 경쟁의 패러다임'과 '위계적 패러다임'의 충돌이다. 강박적 경쟁 사회에서는 반드시 '완벽한 최고가 되라'고 요구한다. 그러나 위계적 사회에서는 늘 '겸손한 약자가 되라'고 한다. 두 가지 모순되는 패러다임을 강요당하는 개인은 이러지도 저러지도 못하는 갈등에 빠진다.

갈등은 우리 마음을 복잡하게 만들고, 공황장애나 신경증 같은 병을 일으킨다. 그래서 이런 모순을 견디기 위해 자아(ego)는 무의식적 환상을 만들어내기도 한다. 예를 들어 겉으로는 겸손한 약자의 삶을 사는 사람이 있다고 하자. 자신감 없고, 늘 양보하고, 희생하는 사람이다. 그러나 이런 수동적인 삶이 굴욕적이고 견딜 수 없다. 그래서 자아는 무의식 속에 환상을 만들어낸다. 자기는 엄청난 힘을 가지고 있고 주변 사람들을 모두 지배할 수 있다고 믿는 전능 환상(omnipotent fantasy)이다. 이런 무의식적 환상으로 자신을 위로한다. 그러나 이는 불안한 삶이다. 무의식에서는 전능 환상을 가지지만, 현실에서는 굴욕감과 수치심의 삶을 살아야 한다. 늘 남의 눈치를 살펴야 하는 불안한 삶, 자신의 능력에 대한 자긍심을 가지지 못하고 반복되는 굴욕감을 참아야 하는 삶이다. 갈등과 모순의 삶이다. 그러다가 인내의 한계에 도달하면, 우울증이나 신경증이 발병하는 것이다.

자존감을 지켜줄 단 하나의 보호방패

가혹한 사회적 압력을 받아도 모두가 인정중독에 빠지는 건 아니다. 왜일까? 어떤 사람들은 이러한 부정적 압력을 중화시키는 보호방패(protective shield)를 갖고 있기 때문이다. 보호방패는 사회적 압력이 주는 상처로부터 개인을 보호해준다. 이 보호방패는 외부의 위로자(comforter) 또는 심리의 내면에 존재하는 위로자를 말한다.

예를 들어 내가 실패를 겪어 좌절하고 있거나 타인의 공격을 받아 자존감에 큰 상처를 받았다고 가정해보자. 이때 가족과 친구, 선생님이 변함없이 나를 위로해주고 나의 가치를 존중해주고 인정해주면 심리적 상처가 치유되고 자존감도 곧 회복될 것이다. 그들이 나의 보호방패가 되어주기 때문이다.

보호방패는 자존감을 안정적으로 지켜준다. 안정적인 자존감 아래에서 자기성찰 능력(self-reflective capacity)과 자율성(autonomy)이라는 내면의 힘이 자라난다. 이 내면의 힘이 충분히 강해진 사람은 가혹한 사회적 압력을 받아도 자신의 감정과 생각을 잘 다스릴 수 있다.

어릴 때는 엄마 같은 실제 외부의 인물이 이런 위로자의 역할을 하지만, 자라면서 그 대상은 내면의 위로자로 마음속에 내재화(internalization)된다. 내적인 보호방패를 가진 사람은 인정중독에 빠지지 않는다. 타인의 인정이 없어도 스스로 자신의 가치를 발견하고 자존감을 유지할 수 있는 능력, 즉 건강한 자기애(healthy narcissism)를 가졌기 때문이다.

그러나 어릴 때 가정에서 보호방패를 경험하지 못하면 문제가 발생한다. 예컨대, 지나치게 권위주의적인 부모는 자녀를 자신의 소유물로 여겨 지배하려 한다. 완벽을 요구하는 부모, 아이의 고통에 무관심한 부모, 매질을 하는 부모 역시 인정중독을 일으키는 부모다. 다른 이름으로 자기애적 부모(narcissistic parents)라고 한다. 그런 부모 밑에서 성장한 사람들은 건강한 자기애를 발전시키지 못할 수 있다. 사랑받기 위해서 자신을 억누르고 희생하는 성격이 형성되어 인정중독으로 발전할 가능성이 매우 크다. 다음 장에서는 자기애적 부모와 그 자녀들의 이야기를 들어보자.

3장

당신에겐 늘 부족한 나

어린 시절에 경험한 심리적 상처들이 인정중독의 뿌리가 된다. 아이는 자신의 감정과 욕구를 건강하고 타당한 것으로 느끼지 못하고 가족 전체를 위협할 수 있는 '문제'로 여긴다. 그래서 감정을 회피하거나 자신의 욕구가 의식되어도 그것을 '이기적인 것'으로 여기기에 억눌러버린다. 이때 흔히 폭식, 폭음, 중독을 도피처로 삼기도 한다.

비위를 맞출 사람이 많아진다는 것

하나 씨의 인정중독은 엄한 아버지 때문인 듯했다. 하나 씨의 아버지는 교사였다. 자신의 명령에 복종하지 않으면 불같이 화를 내는 무서운 분이었다. 아버지는 절대 용서하는 법이 없었고, 하나 씨가 비위를 조금만 거슬러도 심하게 야단을 쳤다. 어려서부터 하나 씨는 아버지의 말이라면 절대적으로 복종했다. 이해되지 않는 명령도 그대로 따라야 했다. 아버지의 말에 이의를 제기하면 즉각 처벌을 받았기 때문이다. 차라리 복종하고 조용히 지내는 것이 편했다. 아버지를 화나지 않게 하고 아버지의 마음에 드는 것이 어린 하나가 매 순간 해내야 하는 숙제였다. 어쩌다가 아버지의 표정이 밝으면 그제야 잠시 마음이 놓였다.

성인이 되어서도 하나 씨는 모든 윗사람이 아버지처럼 어렵게 느껴졌다. 팀장과의 관계도 비슷했다. 하나 씨는 팀장을 무척 어려워했고, 항상 그의 눈치가 보였다. 동시에 자신이 팀장을 돌봐주는 어머니 같은 역할을 하고 있다는 생각도 들었다.

'내가 마치 엄마처럼 팀장님, 아빠, 남자친구 모두를 돌봐주고 있구나.'

그럴 때면 그들에게 자신이 중요한 존재인 것 같아 뿌듯한 자부심을 느꼈다. 그러나 그것도 일시적인 생각일 뿐이었다.

'내가 기쁘게 해주지 않으면 다들 나를 싫어할 거야.'

자부심은 어느새 사그라지고, 엄청난 부담감이 그녀를 다시 억눌렀다.

하나 씨의 마음속에는 아이가 살고 있는 것 같았다. 아버지에게 인정받고 싶어 하는 아이, '인정받지 못하면 혼나고 버림받는다'는 두려움에 떨고 있는 아이였다. 이 마음속의 아이는 팀장을 무서운 아버지와 동일시했고, 남자친구도 아버지로 착각했다.

정신분석에서는 이를 '전이(transference)'라고 한다. 어린 시절의 중요한 대상에게 느꼈던 감정을 어른이 되어서 다른 대상에게 느끼는 현상이다. 아버지에게 상처받은 마음속의 아이는 처벌적이고 공포스러운 아버지의 모습을 타인들에게 투사한다. 그래서 하나 씨에게는 비위를 맞춰줘야 할 상징적 아버지가 세상에 너무 많아진 것이다. 팀장은 그냥 직장의 상사일 뿐이지만, 하나 씨에게는 자신을 해칠 수 있는 무시무시한 공포의 대상으로 보였다.

이것은 무의식에서 진행되는 현상이기 때문에 하나 씨는 이런 마음의 현실(psychological reality)을 실제 현실(actual reality)과 구분할 수 없었다.

나도 몰랐던 상처가 깊게 새겨지다

어린 시절의 경험이 성인기의 행동에 강력한 영향을 미친다는 사실은 너무나 잘 알려져 있다. 부모 중 누군가 알코올중독인 가정에서 자란 자녀들은 성인이 되어서도 자존감이 낮고, 남들과 친밀감을 유지하는 데 어려움을 겪는다. 스스로 자기 내면을 관찰하고 이해하는 힘도 부족하다. 또한 만성적인 우울증을 겪거나 혼자서는 어떤 것도 결정하지 못하기도 한다. 자기주장을 하기가 힘들며, 분노 감정을 억압하고 회피(avoidance)한다. 이와 같은 성격적 특성은 인정중독으로 이어지기 쉽다. 이처럼 어린 시절 가족 내에서 경험한 심리적 상처들이 인정중독의 뿌리가 되는 것이다. 특히 자기애적 가족체계(narcissistic family system)라는 성장 환경이 인정중독과 깊이 연관되어 있다.

'자기애적'이라는 말은 흔히 자기중심적이고 자신을 과대하게 평가하여 스스로의 모습에 도취된 상태를 일컫는다. 하지만 또 다른 의미로도 쓰인다. 즉, 오직 자신의 욕구만이 있을 뿐 상대방에게 나와 다른 감정이나 욕구가 있을 수 있다는 생각을 하지 못하는 상태다. 이런 상태에 있는 사람들은 타인을 자신의 욕구 충족을 위한 도구로 여긴다. 자기애적 부모들은 의도적이건 아니건 간에, 다양한 이유로 자녀의 감정과 욕구를 보지 못한다. 대신 자녀들에게 자신의 욕구를 무조건 따르라고 강요한다.

자기애적 부모는 어떤 부모일까? 수잔 포워드 박사의 책《독이 되는 부모가 되지 마라》에서는 지나치게 자기애적인 부모의 모습을 여섯 가지로 묘사했다.

- 첫 번째는 '열등감이 심한 부모'다. 이들은 자존감 문제에 사로잡혀 있다. 자존감이 매우 취약하여 결코 자신의 잘못을 인정할 수 없으며, 문제가 발생하면 항상 아이의 잘못으로 돌려버린다. 아이들은 '작은 어른'처럼 부모의 자존감을 지지해주고 보살피는 역할을 해야 한다.
- 두 번째는 '통제하는 부모'다. 이들은 아이에게 죄책감을 느끼게 하거나 교묘하게 조종하여 아이가 자신이 원하는 방향으로 가도록 유도한다. 어떤 부모는 과도하게 도움을 주거나 과잉보호를 함으로써 아이를 조종하기도 한다.
- 세 번째는 '중독자 부모', 즉 알코올이나 도박 등에 빠진 부모다. 이들의 감정은 늘 불안정하고 혼란스럽다. 늘 중독에 빠져 있기 때문에 부모로서 아이의 감정과 필요를 돌볼 여유도 없고

에너지도 없다.

- 네 번째는 '말로 상처 주는 부모'다. 이들은 노골적으로 비난하거나 은밀하게 비꼬는 말을 하여 아이를 의기소침하게 만들고, 자신감을 빼앗아버린다.
- 다섯 번째는 '신체적 폭력을 가하는 부모'다. 이들은 마음속 깊이 자리 잡은 분노를 다스릴 줄 모르고, 충동적으로 폭력을 행사한다. 그리고 폭력이 일어난 원인을 아이의 탓으로 돌린다. "네가 나를 화나게 해서 이렇게 된 거야! 네가 맞은 것은 다 너 때문이야!"라고 말한다.
- 여섯 번째는 '성적 폭력을 가하는 부모'다. 아이에게 부모의 성폭력은 매우 고통스러운 배신 경험이다. 명백한 성폭력이든 은밀한 성적 유혹이든, 믿고 의지했던 사람에게 당하는 일이니만큼 매우 파괴적인 심리적 상처를 남긴다.

이상의 여섯 가지 예는 병적인 모습들이 뚜렷이 드러난 경우다. 그런데 외형적으로 매우 정상적이고 평범한 가정처럼 보여도 그 이면을 자세히 들여다보면 자기애적 가족의 문제를 갖고 있는 경우도 많다.

비교적 자녀의 감정과 욕구를 인정하고 공감해주는 부모들이라 할지라도 은연중에 아이가 부모를 자기애적 부모로 경험하기도 한다. 감추어져 있지만 열등감이 심한 부모, 지나치게 바쁜 직장 일로 스트레스를 겪는 부모, 아이를 직접 양육하지 못하고 타인에게 맡겨야 하는 부모, 무엇이 좋은 부모 역할인지 모르는 부모 역시 아이에게는 자기애적 부모로 경험될 수 있다.

어떤 경우든 자기애적 부모와 자녀 관계에서 볼 수 있는 공통점이 있다. 부모가 아이의 감정과 욕구를 공감해주지 못한다는 사실이다. 그리고 부모와 자녀 관계에서 아이의 감정과 욕구보다 항상 부모의 감정과 욕구가 우선시되며, 부모를 만족시킬 책임이 대개 아이에게 주어진다.

자기애적 부모는 자존감이 낮거나 불안정하기 때문에 누군가가 자신의 자존감을 높여주기를 바란다. 특히, 아이가 그 역할을 해야 하는 경우가 많다. 아이는 부모를 기쁘게 하기 위해서 언제든 부모의 위대함을 비춰주는 훌륭한 거울이 되어야 한다. 그렇게 해야만 부모의 사랑과 인정이 보상으로 돌아오기 때문이다. 자기애적 부모들은 아이가 성적을 잘 받아오면 기뻐한다. 아이의 발전이 기뻐서가 아니고 자신의 위신이 높아지기 때문이다. 아이가 남들보다 체구가 왜소하면 기분이 나쁘다. 아이의 성장을 염려해서가 아니라 남들 보기에 부끄럽기 때문이다.

자기애적 부모가 물려주는 심리적 유산

자기애적 부모가 아이의 마음에 끼치는 영향은 매우 강력하다. 심리적 성장을 위협할뿐더러 아이가 어른이 되었을 땐 결국 인정 중독에 이르게 한다. 어떤 것들이 있는지 자세히 살펴보자.

'버림받을 것 같아 늘 불안해'

아이에게 부모의 사랑은 절대적인 것이다. 받아도 되고 안 받아도 되는 것이 아니라 생존이 걸린 중대한 문제다. 부모가 적절한 사랑과 인정을 제공해주지 않을 때 아이는 몹시 불안해진다. 아이는 부모의 따뜻한 반응을 받기 위해서 필사적인 노력을 시작한다. 하지만 자기애적 부모는 아이가 얼마나 노력했던 간에 자신의 자존심을 살려줄 때만 관심을 기울여준다. 그래서 아이는 사랑받기 위해서는 '명품 아이'가 돼야 한다고 생각한다. 있는 그대로의 '보통 아이'는 사랑받을 수 없고, 자칫 버림받을 위기에 처하리라는 위기감을 느낀다. 이런 아이는 사는 것이 늘 두렵다.

'감정은 불편한 것, 불편한 감정은 피하고 싶어'

자기애적 부모는 아이의 감정과 욕구는 무시하고 자신의 감정과 욕구를 강요한다. 아이는 부모의 욕구를 만족시키는 역할을 해야 한다. 아이가 자신의 욕구를 표현하면, 단지 욕구의 표현일 뿐인데도 그것을 부모에 대한 위협으로 받아들인다. 이런 상황이 지속될 때 아이의 마음에는 더 큰 문제가 발생한다. 아이는 자신의 감정과 욕구를 건강하고 타당한 것으로 느끼지 못하고 가족체계 전체를 위협할 수 있는 '문제'로 여기기 시작한다.

자기애적 부모는 심지어 아이의 감정과 욕구를 비난하고 무시하기도 한다. 예컨대 이런 말을 아무렇지도 않게 한다.

"너는 너만 생각하니?"

"네가 게을러서 우리가 이렇게 힘든 거야!"

"너 지금 부모에게 반항하는 거냐?"

"너 때문에 내가 창피해서 못 살겠다!"

이런 비난을 받게 되면 아이는 자신의 감정 경험을 있는 그대로 느끼지 못하고, 부모의 기준에 맞춰 평가한다. 또 혹시라도 부모와 가족들에게 폐가 되지 않았을지 불안해한다. 그러다가 점차 감정 경험을 피하게 된다. 자신의 욕구와 감정이 자신과 가족 모두를 불편하게 하는 문제라고 생각하기 때문이다. 이들은 감정을 느끼지 않으려고 노력한다. 부모에게 표현 못하고 수용되지 못할 바에야 감정을 느끼지 않는 편이 낫기 때문이다.

감정을 피하는 것은 매우 파괴적인 결과를 가져온다. 감정을 피하면서 자란 사람들은 상황을 구체적으로 이해하기 어렵다. 자기 자신과 다른 사람을 볼 때 매우 단순하게 이해하고, 이분법적인 사고를 한다. 좋은 사람 아니면 나쁜 사람, 훌륭한 사람 아니면 무가치한 사람이라는 식이다. 그래서 누군가의 장점만을 보며 이상화하는 일도 쉽게 일어난다. 예를 들어 "그 교수님은 인격이 정말 훌륭해. 그분 이야기라면 뭐든 다 믿을 만해"라며 맹목적으로 추종한다. 또 이들은 자신의 심리적 현실이 무엇인지, 자신의 욕구가 무엇인지 알기 어렵다. 너무나 오랫동안 자기 내면의 소리를 억압해왔기 때문이다. 혹 자신의 욕구가 의식되어도 그것을 '나만 생각하는 이기적인 것'으로 느끼기에 억누르고 만다. 이들은 불편한 감정을 피하기 위해서 흔히 폭식, 폭음, 중독을 도피처로 삼기도 한다.

'다른 사람이 불쾌했다면 그건 다 나 때문이야'

타인의 감정까지도 모두 내가 책임져야 한다는 무거운 부담감을 느낀다. 이는 무의식적 사명이고 거스르기 어렵다.

하나 씨는 남자친구와 팀장의 욕구를 만족시켜주기 위해서 늘 노심초사했다. 하나 씨의 욕구는 언제나 우선순위에서 두 번째였다. 그들을 기쁘게 해주지 못한 날이면 버림받을 것이라는 두려움에 잠이 오지 않았다. 남자친구나 팀장과의 이런 관계는 자기애적인 아버지와의 관계와 너무나 닮았다. 자신의 심리적 현실은 무시되고 남자친구나 팀장, 즉 마음속 아버지의 요구만이 하나 씨를 압박했다. 지나친 요구를 하는 그들이 문제가 아니라, 만족시켜주지 못하는 자신이 문제라고 느꼈다. 이는 하나 씨의 마음속에 '타인의 감정은 내 책임'이라는 믿음이 있기 때문이다.

'내 판단은 믿을 수 없어'

자기애적 부모의 자녀는 항상 자신의 판단과 감정을 의심하게 된다. 어려서부터 부모의 감정과 판단을 그대로 받아들이고, 반영하는 것이 자기 역할이었기 때문이다. 그 결과 자기 자신의 가치관과 결정 능력이 발전하지 못한 것이다.

'그들이 기대하는 만큼만 행동할 거야'

자발성이 부족하고, 수동적이다. 자신의 실제 감정과 욕구를 회피하기 때문에 내가 원하는 것이 무엇인지 모른다. 늘 타인의 기대나 반응을 살핀 다음 거기에 맞추어 반응하는 식으로 소극적으로 행동한다.

'누군가와 너무 가까워지는 것은 불편해'

누군가와 가까워지는 것은 몹시 불편한 일이다. 그 사람이 중요해질수록 나는 그가 원하는 것을 완벽하게 제공해야 한다. 또 가까이 가면 상대방이 나를 침범하고 조종하게 될까봐 두렵다. 어떤 관계든 신뢰하기 어렵고, 안전하지 못하다고 느낀다. 자기애적 부모로부터 타인을 신뢰하는 법을 배우지 못했기 때문이다. 자기애적 부모가 '다른 사람을 믿지 말아라. 남을 믿는 것은 위험한 것이다'라고 가르쳤기 때문이다.

이러한 심리적 특성을 가지게 된 사람은 부모가 되었을 때 자신도 자녀의 감정을 읽어주지 못하는 자기애적 부모가 될 수 있다. 이와 달리 부모가 욕구를 적절히 충족해주고, 부모의 지지를 받으며 자란 아이는 부모의 도움 없이 스스로 자신의 필요를 만족시키고 자존감을 유지하는 법을 배워나간다. 자신의 감정적 욕구를 잘 채울 수 있는 사람은 자신의 자녀도 편안하게 만족감을 즐기도록 도와줄 수 있다.

◆ 자기애적 부모가 보이는 모습

1. 아이의 수행 결과에 따라 자존감이 달라진다.

- 아이가 자신의 권위에 순종할 때, 아이가 남들보다 뛰어난 성과를 거뒀을 때 자존감이 상승한다.

2. 힘의 논리로 순종을 강요하고, 아이에게 자신의 가치관을 따르라고 한다.

- "정답은 항상 엄마에게 있어!"
- "엄마가 완벽하니, 너도 완벽해야 해!"
- 아이의 삶에 지나치게 개입한다.

3. 아이가 자신으로부터 독립하는 것을 견디지 못한다.

- 다음과 같은 이중적인 메시지를 보낸다.
  "너도 자립해야지. 하지만 네가 떠나면 난 정말 외롭고 슬플 거야!"
- 불안을 유발하고, 위협하고, 세상은 위험한 곳이라고 설득한다.

◆ 자기애적 부모를 경험한 아이의 모습

1. 나의 욕구와 감정을 인식하기 어렵다.
2. 엄마의 생각과 내 생각이 다를 수 있다는 것을 알지 못한다.
3. 자발성이 억제되어 수동적인 사람이 될 수 있다.
4. 권위적 대상에게 숨겨진 분노를 느끼게 된다.
5. 힘을 가진 부모가 되면 자신도 자녀에게 복종을 요구한다.
6. 부모를 다음처럼 이상화한다.
   '엄마는 나에게 모든 것을 해주었고 완벽한 엄마였어.'
7. 다음과 같은 생각으로 완벽주의와 열등감의 굴레에서 벗어나지 못한다.
   '만일 내가 완벽하지 못하다면 이것은 내 잘못이야. 나는 부끄러운 사람이야.'
8. 자신의 생각과 감정에 대해서 확신을 갖지 못한다.
9. 혼자 있는 것에 대해 외로움과 두려움을 느낀다.
10. 결국 자신도 자기애적 부모가 될 가능성이 크다.

◆ 혹시 내가 인정중독이 아닐까?

자신이 인정중독인지 아닌지 체크해보자. 각 문항을 읽으면서 자신에게 해당하면 ○표, 해당하지 않으면 ×표를 하라. 각 문항을 너무 깊이 생각하지 말고, 자신에게 얼마나 맞는지 포괄적으로 재빠르게 판단하여 답하라.

인정중독 체크리스트

☑ 항목	○	×
1. 모든 사람이 나를 좋아해야 한다. 이것은 내 인생에서 가장 중요한 일이다.		
2. 갈등이 일어나서 좋을 건 전혀 없다고 믿는다.		
3. 항상 나의 욕구보다 내가 사랑하는 사람들의 욕구가 우선이다.		
4. 갈등이나 대립은 늘 피하고 싶다.		
5. 나는 종종 남에게 거절당하지 않기 위해서 너무 많은 일을 하거나, 다른 사람이 나를 이용하도록 허용한다.		
6. 난 항상 다른 사람들의 인정을 받을 필요가 있었다.		
7. 다른 사람에게 부정적인 감정을 표현하기가 몹시 어렵다. 하지만 나 자신이 잘못되었다고 느끼는 것은 훨씬 편하다.		

8. 남들에게 최선을 다하고, 그들이 나를 필요로 하는 한 나는 외톨이가 되지 않을 것이라고 믿는다.		
9. 언제나 남들을 위해 일하고 그들을 기쁘게 할 생각만 한다.		
10. 가족, 친구, 동료와의 갈등이나 충돌을 피하기 위해 최대한 신경 쓴다.		
11. 나보다는 다른 사람들의 행복을 위해 무엇이든 하고 싶다.		
12. 나 자신을 보호하기 위해서 상대에게 맞서는 경우는 거의 없다. 상대가 화를 내거나 싸움을 걸까봐 너무나 두렵기 때문이다.		
13. 나의 욕구를 다른 사람의 욕구보다 우선하는 것은 이기적인 것이다. 그러면 남들이 나를 더는 좋아하지 않을 것이다.		
14. 남들과 갈등하고 충돌하면 너무 불안해지고, 몸에 병이 온다.		
15. 누군가를 비난하는 것은 몹시 힘들다. 심지어 아무리 건설적인 비평이라 해도 표현하지 않는다. 왜냐하면 상대방이 나에게 화를 내는 것이 두렵기 때문이다.		
16. 나의 감정을 희생해서라도 항상 상대방을 기쁘게 해야만 한다.		
17. 사랑받을 만한 존재가 되려면 항상 나 자신을 희생해야 한다.		
18. 늘 친절해야 한다. 그러면 인정과 사랑과 우정을 얻을 수 있다.		
19. 상대방의 요구가 지나치고 비상식적인 줄 알면서도 내게 거는 기대를 저버릴 수 없고, 절대 거절하지 못한다.		
20. 때때로 내가 다른 사람의 사랑을 구걸하는 것처럼 느낀다. 그들이 원하는 것은 무엇이든 함으로써 그들을 기쁘게 해 사랑과 우정을 사고 싶어 한다.		
21. 상대방을 화나게 할 수 있는 말이나 행동을 하는 것은 몹시 불편하고, 불안하다.		
22. 남에게 일을 위임하는 경우가 거의 없다.		

23. 다른 사람들의 부탁이나 요구를 거부할 때 죄책감이 든다.		
24. 주위 사람들에게 나 자신을 희생하지 않으면 내가 나쁜 사람이란 생각이 든다.		

총점('o'라고 답한 문항의 수): (　　　　　　)개

※ 해리엇 브레이커의 《The Disease to Please》에서 인용.

총점에 따른 해석

- 16~24점: 당신의 인정중독은 매우 심각하고, 인격에 깊이 자리 잡고 있다. 어쩌면 당신은 이미 인정중독이 자신에게 커다란 신체적 · 감정적 고통을 유발하고, 대인관계에 상당한 영향을 주고 있다는 사실을 알고 있을 것이다. 고통이 심각한 만큼 문제를 해결하고자 하는 강한 동기도 가질 수 있다. 지금 곧 자신의 문제를 해결하고 삶의 주체가 되기 위해 치유를 위한 노력을 시작해야 한다.

- 10~15점: 중등도 이상으로 심각한 인정중독 상태다. 더 악화되지 않도록 하기 위해서 즉시 자기 파괴적인 관계 패턴을 인식하고, 변화를 시도해야 한다.

- **5~9점**: 중간 정도의 인정중독 문제를 가졌다고 볼 수 있다. 자기주장을 할 수 있는 어느 정도의 힘과 저항력을 가지고 있다. 하지만 여전히 인정중독 성향을 가지고 있기 때문에 심리적 · 신체적 건강에 위협이 가해질 수 있으며, 건강한 자기주장을 위한 힘을 기를 필요가 있다.

- **4점 이하**: 아주 경미한 정도의 인정중독 성향을 가졌거나, 인정중독의 문제가 거의 없는 것으로 볼 수 있다. 그러나 누구든 인생의 어느 시점에 인정중독의 문제가 발생해 삶을 주도적으로 살지 못하는 경우가 있다는 점을 기억해야 한다. 이를 예방하기 위해서 인정중독과 회복을 위한 방법을 잘 이해하고 있어야 한다.

◆ 인정중독에 빠지기 쉬운 네 가지 성격

해리엇 브레이커 박사는《The Disease to Please》에서 인정중독자가 보여주는 수십 가지 증상을 제시했다. 우리는 이들을 다음과 같은 네 가지 증상으로 묶어보았다. 이 네 가지 증상은 인정중독에 잘 빠지는 네 가지 성격 특성이기도 하다.

1. 나는 혼자 있기가 두렵다

누군가에게 지속적인 지지를 받고 그와 연결되어 있기를 원한다. 나는 타인에게 미움을 받거나 거절당할 때 매우 불안하다. 이런 불안을 방지하기 위해서 늘 모든 노력을 기울인다. 버림받지 않으려면 상대방이 원하는 것을 모두 줘야 한다. 내가 그들에게 필요한 존재가 되어 있을 때만 안심할 수 있다. 그래야만 그들이 나를 혼자 버려두지 않을 것이기 때문이다.

2. 나는 완벽해야 한다

나는 '항상', '모든' 사람의 인정을 받아야 한다. 인정받지 못할 때면 심한 수치심을 느끼며 우울해진다. 나 자신이 무능하고 무가치한 인간이라는 생각에 빠진다. 모든 사람에게 인정받는다는 것은 나에게 아주 중요한 일이다. 인정받기 위해서 나는 완벽해야 하고, 상대방의 욕구도 완벽하게 채워주어야 한다.

3. 나는 희생적인 삶을 살아야 한다

나는 나의 욕구보다 주변 사람들의 욕구를 항상 우선시한다. 언제나 그들을 기쁘게 해줄 생각만 한다. 그들이 행복감을 느낄 수 있다면 무슨 일이든 가리지 않고 해줘야 한다. 때때로 내가 원하는 것과 남이 원하는 것을 구별하지 못할 때도 있다.

내 욕구를 다른 사람의 욕구보다 우선시하는 것은 좋지 않으며, '이기심'이라고 생각한다. 이기적인 나를 사람들이 좋아할 리 없다. 내 감정을 드러내는 것도 힘들다. 왜냐하면 상대방에게 부담을 주기 때문이다. 때로 상대방의 요구가 지나치고 비상식적인 줄 알면서도 절대 거절을 못 한다. 나에 대한 상대방의 기대를 저버릴 수가 없다. 나는 누구에게도 'No'라는 말을 하지 못한다.

4. 나는 화내는 것이 두렵다

늘 타인과 충돌이 일어날까 걱정하며, 충돌을 피하기 위해서라면 어떠한 희생도 감수한다. 또한 나는 아무리 건설적인 말일지라도 비평하는 말은 하지 못한다. 상대방을 화나게 할 것 같은 말이나 행동을 하기가 몹시 힘들다. 나는 상대방이 나를 공격해도 거의 맞서지 못한다. 그가 화를 내거나 싸움을 걸어올 것이 두렵기 때문이다. 누군가에게 화가 나거나 그와 갈등 상태에 빠졌을 때 너무 걱정이 심해서 몸에 병이 나기도 한다.

인정중독에 빠지기 쉬운 사람들은 타인의 인정을 받아야만 자신이 가치 있다고 느끼고, 그래야만 마음이 놓이는 사람들이다. 마치 인정받기 위해 인생을 사는 것처럼 노심초사하는 사람들이다. 이런 사람들의 성향을 '인정 추구형 성격(approval seeking personality traits)'이라 한다. 자기애적 가족 환경에서 자란 사람들에게서 나타날 수 있으며, 인정 추구형 성격을 가진 사람은 인정중독에 빠질 위험이 크다. 인정 추구형 성격 네 가지를 요약하면 다음과 같다.

- 분리불안 성격: 혼자 있기에 대한 두려움과 버림받음에 대한 공포
- 완벽주의 성격: 열등감과 수치심
- 자기희생적 성격: 지나친 자기희생
- 분노 억제형 성격: 갈등을 피하기 위한 공격성의 지나친 억제

유의할 점은 한 사람에게서 여러 가지 성격 특성이 함께 나타날 가능성이 크다는 것이다. 네 가지 심리적 성향이 서로 연결되어 있기 때문이다. 인정중독과 성격의 관계를 2부에서 자세히 살펴보자.

2부

내 안의 숨은 인정심리 찾기

4장

"더 잘할 테니 날 버리지만 말아주세요"

_ 분리불안 성격

분리불안 성격은 헤어져 혼자 남겨지는 것을 극도로 두려워하며, 타인에게 지속적인 지지를 받고 연결되어 있기를 원한다. 그 때문에 인정중독에 빠지기 쉽다. 타인에게 미움을 받거나 거절당하지 않도록 늘 최선의 노력을 한다. '나는 남들이 원하는 것을 다 제공해줄 수 있어야 해. 그래야 그들이 나를 버리지 않을 거야'라는 생각을 늘 갖고 있다.

왜 엄마가 없으면 안 되는 걸까

다소 조용한 편에 튀지 않는 말과 행동으로 두루두루 잘 지내는 세라 씨. 어느 날 남자친구의 프러포즈를 받고 결혼을 약속했다. 그런데 싱숭생숭한 마음으로 집에 돌아온 그녀는 갑자기 어지럼증을 느꼈고, 곧이어 가슴에 심한 통증이 오면서 숨을 쉬기조차 어려워졌다. 심장이 미친 듯이 뛰었다. 급히 응급실로 실려가 심장 검사를 받았지만 아무 이상이 없다고 했다. 시간이 좀 지나자 증세가 진정되어갔다. 하필이면 결혼 약속을 한 날에 이런 일이 생기다니, 세라 씨는 난감했다.

세라 씨가 겪은 이런 증상을 '공황발작(panic attack)'이라고 한다. 극심한 심리적 불안감과 압박감이 신체적 증상으로 표출된 것이다. 그런데 '하필이면 결혼을 약속한 날에 이런 일이 생긴 것'이 아니었다. 결혼을 약속했기 때문에 이런 증상이 나타난 것이다.

결혼한다는 것을 엄마와 분리되는 상황, 즉 위험한 세상에 혼자 남겨지는 상황으로 인식했기 때문이다.

세라 씨는 어려서부터 '껌딱지'로 유명했다. 엄마랑 잠시도 떨어져 있지 않으려고 했다. 갓난아이 때도 엄마가 눈에 안 보이면 자지러지듯 울어댔고, 걸음마를 시작하고도 늘 엄마 치맛자락을 붙들고 있었다. 유치원에 보낼 때도 무척 애를 먹었고, 이후 학교에 다닐 때도 마찬가지였다. 친구들과 어울려 놀다 오는 일은 좀체 없었으며, 학교가 끝나기 무섭게 집에 돌아와 엄마 뒤를 졸졸 따라다니며 종일 어떤 일이 있었는지를 시시콜콜 이야기했다. 세라 씨는 엄마가 자신의 모든 것을 알고 있어야 안심이 됐다. 그녀가 믿는 사람은 엄마밖에 없었고, 오직 엄마만이 세상에서 유일하게 편한 사람이었다.

하지만 엄마가 1년 365일 세라 씨 옆에만 있을 순 없는 일이다. 집에 돌아왔을 때 엄마가 없으면 세라 씨는 몹시 풀이 죽고 뭔가 큰일이라도 날 것 같은 불안감에 휩싸이곤 했다. 간혹가다 엄마 없이 혼자서 다른 사람들 틈에 끼어 있을 때면 세라 씨는 거의 투명인간 같았다. 다른 사람들의 반응을 살피면서 그들을 거스르지 않기 위해 최대한 조심성 있게 행동했다. 마치 주변의 색에 자기 색을 맞추는 카멜레온처럼, 도드라져 보일 만한 일은 웬만해선 하지 않았다. 사실 세라 씨는 어떤 말을 듣거나 상황을 접했을 때 그것을 어떻게 느껴야 하는지, 웃어야 하는지 화를 내야 하는지도 잘 알 수가 없었다. 그저 초조하게 '엄마가 있었다면…' 하는 생각을 하면서 그 자리를 어서 벗어나게 되기만을 바랄 뿐이었다.

항상 곁에 붙어서 엄마의 뜻을 따랐기에 세라 씨는 어떤 것을 선택하거나 결정하는 데에도 무척 애를 먹는다. 자신은 제대로 된 결정을 하지 못하리라는 생각이 강하다. 아무리 사소한 것이라도 엄마가 '이건 이렇게, 저건 저렇게'라고 말해줘야 그게 올바른 결정인 것처럼 느껴진다. 때로는 세라 씨 스스로도 자신의 존재감이 없다는 생각을 하곤 한다. 하지만 엄마한테 기대는 버릇을 고칠 수가 없다.

세라 씨는 분리불안 성격 혹은 의존적 성격이다. 이는 말 그대로 분리되는 것에 극도로 불안을 느끼는 성격을 말한다. 헤어져 혼자 남겨지는 것에 대한 불안이 너무나 커서 혼자 있는 것을 두려워하며, 타인에게 지속적인 지지를 받고 연결되어 있기를 원한다. 그 때문에 인정중독에 빠지기 쉽다. 타인에게 미움을 받는다고 느껴지거나 거절이라도 당하면 불안하고 초조해한다. 그래서 그런 일이 일어나지 않도록 늘 최선의 노력을 한다. '나는 남들이 원하는 것을 다 제공해줄 수 있어야 해. 그래야 그들이 나를 버리지 않을 거야'라는 생각을 늘 갖고 있다. 부모나 부모 역할을 하는 대상(배우자, 윗사람)에게 매우 의존적이며, 상대가 원하는 것을 해내야 한다는 압박감이 크다.

분리불안 성격의 사람들은 실제로 혼자 남겨졌을 때는 물론,

그런 상황이 예상되기만 해도 불안감이 심해진다. 증상은 연령에 따라 다양한 모습으로 나타난다. 유년기에는 그저 엄마한테서 떨어지지 않으려는 모습을 보인다. 학령기 아동은 학교 공포증(school phobia)을 보이기도 한다. 학교 갈 시간이면 배가 아프다는 아이들도 있는데, 흔히 말하듯 '꾀병'이 아니라 실제 신체 증상을 느끼고 심한 경우 설사를 하기도 한다. 요즘엔 초등학교에서도 캠프나 연수 등 집을 떠나 1~2박짜리 프로그램을 진행하는 일이 많다. 분리불안이 심한 아이는 엄마랑 같이 가자며 떼를 쓰거나 가기 싫다고 밤새 울기도 한다. 이들은 성인이 되어서도 부모와의 관계를 늘 확인한다. 부모 곁을 떠날 용기가 없어서 결혼을 미루기도 하며, 결혼을 한 이들은 배우자가 나를 버리고 떠나지 않을까 염려하고 늘 확인한다.

분리불안 성격의 사람은 중요한 대상과 이별하는 상황에 봉착하면 심리적 균형이 깨져 자존감이 급격히 무너진다. '나는 쓸모없는 인간이야. 아무도 나를 좋아할 리 없어'라는 결론으로 내달린다. 애착과 의존의 대상으로부터 분리되는 것은 심리적 생존과 자존감을 크게 위협하기 때문에 세라 씨의 경우처럼 조절되지 않는 극심한 불안과 공황발작이 일어나게 된다.

결정적인 실수는 의도된 것이다

어려서부터 공부를 잘했고 모범생이었던 해정 씨는 유학을 떠나던 날, 인천공항에서 공황발작을 일으켰다. 몇 분 뒤면 비행기 탑승이 시작된다는 안내방송을 듣다가 갑자기 호흡곤란이 오고 정신이 가물가물해지면서 그대로 쓰러지고 말았다. '이대로 죽는구나' 하는 공포가 몰려왔다. 응급차에 실려 대학병원으로 후송되었는데, 검사 결과 호흡기나 심장에서 아무런 이상도 발견되지 않았다.

해정 씨 역시 분리불안에 의한 공황발작이었다. 부모에게서 분리되어 이역만리로 떠나는 상황이 그녀를 극심한 불안으로 몰고 간 것이다. 이날 오전 해정 씨는 여권을 집에 두고 오는 실수도 저질렀다. 황급히 다른 비행기를 예약하고 여권을 다시 가지고 왔는데, 결국 탑승 시간에 임박해서 공황발작이 일어난 것이다. 평소 해정 씨의 꼼꼼함을 생각하면 공항에 가면서 여권을 챙기지 않는다는 건 있을 수 없는 일이다. 여권이 없으면 비행기를 탈 수 없을 테고 그러면 엄마와 분리되지 않아도 된다는, 무의식 속에서 의도된 실수였다.

해정 씨는 예쁘고 성적도 우수한 학생이었고, 집에서도 예쁨받는 딸이었다. 늘 밖으로 돌면서 온갖 말썽을 피우는 오빠와 달리

해정 씨는 친구들과 어울려 노는 것을 시간 낭비라고 생각했다. 특별한 경우가 아니면 대부분 집에 있었고, 책을 읽거나 엄마랑 함께 시간을 보냈다. 아들은 속을 썩이지만 딸은 어려서부터 공부 잘하고 말 잘 듣는 아이여서 부모도 매우 예뻐했다. 하지만 부모는 딸에게 분리불안이 있다는 것을 그녀가 대학에 들어갈 때까지 알아채지 못했다.

해정 씨는 분리불안으로 폭식증을 일으킨 적도 있다. 몇 년 전인 대학 2학년 때 단기 어학연수를 떠났는데, 난생처음 해보는 외국 생활에 적응하지 못했다. 하숙집 주인의 눈치가 보여서 샤워하기도 조심스러웠다. 항상 긴장의 연속이었다. 바깥 출입을 거의 하지 않고 자기 방에 틀어박혀 책을 읽거나 웹서핑을 하면서 시간을 보냈다. 당연히 친구도 사귀지 못했다. 그런 생활이 길어질수록 알 수 없는 불안과 불만족감이 쌓여갔다. 그러다가 폭식증이 시작됐다. 쇼핑몰에 가서 먹을 것을 몽땅 사 와 밤을 새워가며 먹었다. 먹어도 먹어도 배가 부르지 않았다. 배가 터질 것 같은데도 허기가 졌다. 화장실에 가서 토하고 돌아와 또 먹었다. 이런 생활이 계속되자 체중이 급격히 늘었다. 임신부처럼 배가 나오고 건강이 염려될 만큼 살이 쪘다. 이를 알게 된 엄마가 급히 귀국시켰고, 귀국 후 폭식증은 거짓말처럼 사라졌다.

여권을 두고 오는 실수, 공황발작 그리고 폭식증이 모두 분리불안과 관계가 있었다. 이 분리불안의 심층에는 오빠처럼 부모에게 미움받지 않고 인정받으려는 마음속의 아이가 숨어 있었다.

세라 씨나 해정 씨처럼 인정중독을 가진 사람에게 닥치는 심리적 위기 상황은, 대개 중요한 의존 대상과의 이별이나 분리에서 시작된다. 예컨대 대학에 입학하여 집을 떠날 때, 졸업으로 하나의 교육과정을 마치게 되었을 때, 직장에 처음 출근할 때, 승진을 하여 다른 직책을 맡게 되었을 때, 직장을 옮길 때, 해고되었을 때, 다른 지방으로 이사할 때, 결혼할 때, 이혼할 때, 아이를 낳아서 부모 역할이 시작되었을 때, 자녀들이 장성하여 집을 떠나갈 때, 중년기나 노년기에 접어들었을 때, 직장에서 은퇴할 때, 배우자나 가족 또는 친구와 사별할 때 등이 그런 위기 상황이다. 알다시피 이런 일은 인생을 살다 보면 누구에게나 닥치기 마련이다. 보통 사람들은 어느 정도 긴장은 하지만, 대체로 잘 받아들이고 무난히 적응해간다. 하지만 분리불안 성격의 사람들에게는 이런 중요한 변화가 일어날 때마다 '홀로 있는 것에 대한 두려움'이 쓰나미처럼 마음을 덮친다.

이런 두려움은 어린 시절에 받은 심리적 상처가 클수록 심하고 조절하기 어렵다. 끝내 조절에 실패하면 공황발작으로 이어지기도 한다. 이럴 때는 전문적인 약물치료를 통해서 증상을 완화해줄 필요도 있다. 동시에 정신분석적 치료를 통해서 분리불안과 공황발작의 관계를 이해하는 것이 도움이 된다.

'홀로 있기'가 공포가 될 수 있다

홀로 남겨지는 것은 누구에게나 두려운 일이다. 안전하다는 느낌에 위협을 받기 때문이다. 안전 욕구(safety need)는 생존과 관계된 매우 중요한 욕구다. 누구나 가지고 있는 욕구이고, 아주 어린 시절부터 성인기까지 늘 존재하는 심리적 욕구다. 예컨대 정글이나 무인도에 홀로 남겨지는 상황을 상상해보자. 아무리 강심장의 사람이라도 강렬한 공포와 불안을 느낄 것이다. 하지만 나를 보호해줄 수 있는 누군가가 곁에 있다면 공포와 불안이 훨씬 덜할 것이다.

보호자를 잃고 홀로 있게 되는 상황에 처할 때 나타나는 강렬한 불안, 이것이 분리불안이다. 분리불안은 나이가 어릴수록 심하다. 유아들은 엄마가 잠시만 곁을 떠나도 극심한 불안을 느끼고 울어댄다. 걸음마를 시작한 시기의 아이가 마트에서 엄마를 잃었을 때 공포에 질려 우는 모습을 한 번쯤은 보았을 것이다. 곁에서 누가 아무리 달래도 울음을 그치지 않는다. 엄마가 보이지 않자 아이는 안전감을 잃었고 엄마와 단절됐다고 느낀 것이다. 아이는 몹시 불안하다. 이때 즉각적이고 강력한 해결책은 안심시켜줄 수 있는 따뜻한 엄마(성숙한 보호자)를 다시 만나는 것이다.

물론 성인들도 분리불안을 느낀다. 그러나 모호한 형태로 느낀다. 분명하게 드러나기보다 은근한 불안감, 짜증, 공포증, 이유 모를 우울감으로 위장되어 느껴지는 것이 보통이다. 은퇴 후에 공황장애가 온 분도 있었다. 직장이라는 상징적인 가족들과 분리되었기 때문이다. 호텔 주방장으로 일하다 퇴직한 그분은 이후 자원봉사 단체에 나가 활동하면서 분리불안을 극복했다.

홀로 있기를 두려워하는 분리불안 성격을 다른 말로 표현하면 '의존적 성격'이라 할 수 있다. 이런 의존성은 특히 청소년과 어린 연령층에서 많이 나타난다. 부모로부터 건강한 독립이 아직 이루어지지 않았기 때문이다. 부모와 내가 충분히 분리되지 못한 상태이기 때문에 부모의 가치관과 나의 가치관이 잘 구분되지 않는다. 이들의 특징은 나의 감정과 욕구가 무엇인지 잘 인식하지 못한다는 것이다. 자신에 대한 이미지도 분명하지 않다. '내가' 무엇을 원하는지 분명하지 않기 때문에 혼자서는 작은 결정도 내리기 어렵다. 식당에서 음식을 주문하는 것 같은 사소한 일도 어려워하며, 직업을 선택하거나 결혼 상대자를 찾는 것 같은 큰 결정을 해야 할 때는 더더욱 혼란을 느낀다. 그들은 부모나 선생님, 직장 상사 같은 윗사람이 원하는 바를 절대적인 것으로 받아들인다. 무의식적으로 윗사람의 가치관을 비판 없이 받아들이고 자신의 것으로 흡수해버리는 것이다. 이러한 의존적 성향은 부모의 높은 기대 속에서 과잉보호를 받고 자란 사람에게 많다.

분리불안의 문제가 해결되지 못한 채 청소년기나 성인기를 맞는 사람들은 어린 시절에 부모의 안전한 보호를 받아보지 못했을 가능성이 크다. 어린 시절에 느꼈던, 안전과 안정을 잃어버리는 상황에 대한 공포가 계속 남아 있는 것이다(안전감은 위험하지 않다는 느낌이고, 안정감은 내가 상황을 통제하고 있다는 느낌을 말한다). 어린 시절 그와 같은 공포를 만들어내는 원인은 크게 두 가지로 볼 수 있다. 홀로 있기를 어렵게 하는 어린 시절의 상처들을 좀더 자세히 살펴보자.

미움받지 않으려는 마음속의 아이

돌봄이 부족할 때

홀로 있기를 두렵게 하는 첫 번째 상처는 유아기나 유년기에 엄마(양육자)로부터 '충분한 돌봄(good enough mothering)'을 받지 못할 때 발생한다. 그 결과 내가 위험에 처하면 엄마가 언제든 나를 보호해줄 것이라는 믿음이 내면에 자리 잡지 못하고, 그로 인해 분리불안 성격이 된다.

인간은 중요한 사람에게 가까이 가서 접촉하려는 욕구, 즉 애착(attachment) 욕구를 가지고 있다. '애착'은 영국의 정신과 의사이자 정신분석가인 존 볼비가 확립한 이론으로, 특별한 사람에게 특별한 정서적 유대를 느끼는 것을 말한다. 아이 때 양육자(대개는 엄마)와의 관계가 어떠했느냐가 평생의 애착 형태를 결정짓는다. 아이의 젖을 빠는 행동, 울음, 엄마에게 매달리거나 엄마의 눈을 쳐다보는 것과 같은 행동을 '애착 행동(attachment behavior)'이라 하는데, 애착 행동은 엄마의 보호 본능을 불러일으킨다. 엄마가 애정을 가지고 관심을 기울이면서 아이의 신호에 적절하게 반응을 보일 때 애착이 촉진된다.

애착에는 두 가지 형태가 있다. 한 가지는 안정적 애착(secure attachment)이고 다른 하나는 불안정 애착(insecure attachment)이다. 안정적 애착은 아이의 감정적 신호를 부모가 민감하게 인식하고, 일관되고 효과적으로 반응해줄 때 형성된다. 이때 아이 마음에는 다음과 같은 믿음이 생긴다.

'엄마는 내가 필요로 할 때 내 감정을 읽어줄 준비가 되어 있고, 내가 감정을 인식하고 처리하도록 도와주어 나를 편안하게 해줄 거야.'

즉, 엄마가 감정 조절을 도와주어 내가 다시 좋은 기분이 되도록 해줄 것이라는 믿음이다. 불안정 애착에서는 이와 반대의 결과가 나타난다. 즉, '엄마는 내 마음을 알아채지 못할 것이고, 내가 아무리 두렵고 괴로워도 엄마로부터 어떤 도움도 받지 못할 것이다'라는 믿음이 생긴다.

불안정 애착을 일으키는 세 가지 이유가 있다. 첫째는 정서적 연결의 부재다. 엄마가 우울증 같은 정서적 문제를 갖고 있어서, 물리적으로는 아이와 함께 있지만 정서적으로는 단절된 경우다. 둘째는 버림받음 또는 방임이다. 엄마가 아이를 원치 않고, 아이를 싫어해서 방치한 경우다. 그리고 셋째는 미숙함이다. 엄마로서 아이를 어떻게 키우는지 몰라서 부적절하게 키우는 경우다. 특히 이 세 번째 엄마는 자신의 감정에만 충실하다. 지나치게 잘해주다가도 아기가 말을 듣지 않거나 짜증을 내면 인내심을 잃고 심하게 화를 내거나 순식간에 얼음처럼 차가워진다. 이럴 때마다 아이는 '내가 필요로 할 때 엄마는 내 곁에 없을 거야. 내가 화를 내거나 말을 듣지 않으면 엄마에게 버림받을 거야'라는 의식적 · 무의식적 믿음을 가지게 된다.

마음 안에서 이 같은 염려가 계속될 때 아이는 유년기 내내 불안을 경험하게 된다. 엄마가 화내는 것도 무섭지만, 엄마를 향해 화가 나는 것도 무섭다. 엄마의 화를 돋우지 않으려고 자신의 화를 억제하는 노력을 계속한다. 또 엄마가 화가 났는지 나를 여전히 사랑하는지 확인하려 애쓴다. 이 때문에 엄마로부터 적절한 시기에 분리되고 독립해나가지 못한다. 심한 경우에는 아이의 심리적 성장이 멈추게 된다. 이런 아이들은 엄마 곁을 떠나지 못하고, 자신이 불안을 느낄 때마다 엄마가 안심시켜주기를 바란다.

이처럼 어린 시절에 안정적인 애착을 충분히 경험하지 못하면 성인기에 이르러서도 여전히 자신의 공격적 감정을 두려워하고,

다른 사람의 비난과 거절을 피하기 위해 애쓰는 성격이 된다. 즉 인정중독에 빠지는 것이다.

사랑스럽지 않은 아이(못난이) 취급을 당했을 때

홀로 있기를 두렵게 하는 두 번째 상처는 자기애적 상처(narcissistic injury)로, '못난이' 취급을 당했을 때 발생한다. 이제 막 자신에 대한 이미지를 형성해가는 아이가 부모로부터 '부정적이고 비합리적인 비난과 부정적 평가를 반복적으로 받을 때' 자기애적 상처가 일어난다.

아이의 감정을 공감적으로 이해하고, 조심스럽게 반응하는 부모는 아이의 자존감을 키워준다. 이때 아이는 '나는 특별한 아이야!'라는 건강한 자기애적 만족을 경험한다. 하지만 차갑고 공감적이지 못한 부모는 아이의 자존감을 무너뜨린다. 아이가 감당하지 못할 수준의 비난을 퍼붓길 예사로 하며, 심지어 욕하고 때리기도 한다. 엄마가 냉랭한 표정으로 '너는 못된 아이야. 나는 네가 싫어'라는 평가를 전달하면, 아이는 자기도 모르게 '나는 미운 아이구나. 나는 쓸모없는 아이구나' 하는 낮은 자존감을 갖게 된다.

자기애적 상처는 건강한 자기 이미지를 갖지 못하게 한다. 앞에서 소개한 김 교수의 예가 그렇다. 김 교수는 여자인 자신의 성별이 부모가 원하는 성별이 아니라고 느꼈다. 그래서 어린 마음에 자신은 결코 부모를 만족시킬 수 없고, 오직 남자아이만이 부모를 만족시킬 수 있다고 생각했다. 그 결과, '여자인 나는 부족한 사람'이라는 의식적 · 무의식적 자기평가가 생겨났다. 자존감은 자기평가에서 나오므로 자기평가가 낮으면 자존감도 낮을 수밖에 없다. 아이 때 자리 잡은 이 낮은 자존감은 이후 성인이 되어도, 나아가 수많은 성공을 거둬도 개선되지 못하고 무의식에 그대로 남아 있는 경우가 많다.

자존감이 낮은 사람은 자신감이 없다. 끊임없이 자신을 의심하게 된다. 그래서 자신에 대한 의심을 해소하기 위해 주위의 칭찬과 인정을 받으려 한다. 내적 결핍감을 '타인의 인정'으로 채우려 하는 것이다. 이런 성격을 '자기애적 성격(narcissistic personality)'이라고 한다. 자기애적 성격을 가진 사람들은 칭찬과 인정을 받는 순간 잠깐이나마 스스로 가치 있는 사람이라고 느낀다. 자기가 사랑받을 자격이 있는 사람이라고 느끼고 안도하는 것이다. 하지만 이러한 감정은 오래 유지되지 못한다. '나는 부족한 사람'이라는 마음속 깊은 믿음이 남아 있기 때문이다. 그 믿음이 계속되는 한 끊임없이 인정을 받아야만 부적절감 또는 자기 의심을 피할 수 있다.

자기가 가치 없다고 느껴질 때 아이는 자기가 쓰레기처럼 언제든 버림받을 거라고 생각하게 된다. 부모의 기대가 너무 높고 완벽주의적일 때 아이는 스스로 부모의 기대를 충족시킬 수 없는 존재라고 느끼게 되고 버림받음에 대한 불안을 더욱 심하게 겪게 된다. 불안할수록 부모에게 더 심하게 매달릴 수밖에 없으며, 부모의 욕구를 만족시키고 인정받기 위해 기를 쓰게 된다. 낮은 자존감이 인정중독의 뿌리가 되는 것이다.

멈춰진 성장을 재개해야 한다

분리불안 유형의 인정중독은 멈춰진 심리적 성장을 다시 이어가야 회복의 길이 보인다. 건강한 자존감과 자기 확신을 획득함으로써 자신에 대한 의심이 줄어들면, 비로소 치료가 시작된다. 멈춰진 성장을 재개하는 방법은 다음과 같다.

새로운 관계 안에서 애착을 경험한다

건강한 자존감이란 완벽하지 못하고 한계를 가지고 있는 자신에 대해서도 자랑스러운 감정과 가치를 느낄 수 있는 상태를 말한다. 이를 위해서 가장 중요한 것은 새로운 관계를 경험하는 것이다. 이전까지 경험해보지 못했던 관계, 즉 내가 완벽하지 않아도, 나의 솔직한 감정을 드러내도 나를 버리지 않는 안전한 대상을 만나 깊고 의미 있는 관계를 경험하는 것이다. 이 만남이 변화의 출발점이며, 이런 관계가 오래 지속될수록 버림받음에 대한 극심한 불안이 점차 사라진다. 그 관계의 대상은 사려 깊은 친구가 될 수도 있고, 사랑하는 배우자가 될 수도 있으며, 멘토나 치료자 그 밖에 신앙적 대상이 될 수도 있다. 이들과 안정적 애착관계를 경험하는 것이 성장의 가장 중요한 첫 단계다.

아이는 힘 있는 보호자(엄마)가 자기를 지켜보고 있다고 믿을 때 안심할 수 있으며, 엄마로부터 더 멀리 걸어나갈 수 있다. 독립할 수 있는 용기 역시 안정적 애착관계가 뒷받침될 때 생겨난다. 안전한 관계를 경험하면 불안해도 견딜 수 있고, 상처받아도 다시 회복할 수 있다.

감정과 마주하여 진짜 나를 찾는다

성장을 위해서 내가 할 수 있는 또 다른 노력이 있다. 바로 자신 안에서 일어나는 감정들을 피하지 않고 마주하는 것이다. 분리불안형 인정중독에서 흔하게 관찰되는 것이 불편한 감정을 회피하는 모습이다. 감정이 두렵기 때문인데, 그래서 이를 '감정 공포증(affect phobia)'이라고도 한다. 불안, 슬픔, 분노, 수치심, 무기력감, 죄책감 등과 같은 고통스러운 감정을 느낄 때 그 감정을 직면하지 않고 피하려 한다. 불편한 감정이 들면 폭식을 하거나 술 또는 약물을 찾는 사람도 있다. 또 스트레스를 잊기 위해 수면제를 먹고 과다수면을 취하기도 한다. 불편한 상황을 마주치지 않으려고 아예 몇 년씩 집 밖으로 나가지 않는 이들도 있다.

감정을 직면하기는 누구에게나 쉽지 않으며, 나도 모르게 일어나는 회피 반응을 스스로 중단하는 것 역시 쉽지 않다. 이때 치료자가 필요하다. 치료자가 제공하는 매우 중요한 역할이 내담자가 감정을 직면하도록 돕는 것이다. 그러면서 그 감정에 대해 언어로 소통하며 감정 안에 담긴 의미를 발견해간다. 이런 과정이 누적되면, 감정이 두려운 적이 아니라 내면세계를 이해하도록 돕는 안내자로 서서히 바뀌어간다.

내가 어떤 감정을 경험하는지 정확하게 이해하면, 내가 어떤 사람인지도 더 구체적으로 그릴 수 있게 된다. 내가 어떤 사람인지를 아는 것, 즉 자신이 누구이고 인생을 통해 무엇을 이루고 싶은지를 아는 것을 '정체성(identity)'이라고 한다. 내가 가진 감정과 욕구가 분명해지면 다른 사람과 나의 차이도 분명해진다. 이와 함께 나는 독특한 사람이라는 개별성(individuality)도 생기고, 나만의 욕구를 추구하고 싶다는 자율성도 발달하게 된다. 이것이 심리적 독립 과정이다.

나의 목소리를 찾는다

혼자 있기 어려워하는 사람은 혼자서 자신의 감정과 갈등을 보거나 견디는 일도 힘들어한다. 내가 누구인지, 내가 원하는 것이 무엇인지 잘 모르겠다면 감정 일기를 써보길 권한다. 나를 안다는 것은 내 안에 존재하는 다양한 감정의 스펙트럼을 안다는 것이다. 오늘 하루 있었던 일 중 기억에 남는 감정 경험이 있었다면 이것을 기록해보자. 특히 도움이 되는 것은 그때 내 마음에 어떤 갈등이 있었는지를 생각해보고 기록하는 것이다.

갈등이란 이럴 수도 저럴 수도 없는 마음의 상태다. 흔히 감정을 회피하는 사람들은 자신의 마음에 있는 갈등을 보고 싶어 하지 않는다. 갈등은 불안을 일으키는 불쾌한 감정이기 때문이다. 또한 갈등을 보기 시작하면 어느 쪽이든 선택할 책임이 나에게 있다는 것을 알게 되므로 부담스럽기도 하다. 이런 이유로 폭식이나 음주 등의 회피 행동을 하거나, 누군가가 내 문제의 해답을 주었으면 좋겠다고 생각한다. 이런 회피 행동은 상당히 매력적이기 때문에 점차 더 강화되고, 어느 시점에 도달하면 자기 목소리를 찾기가 아주 어려워진다. 심지어 진짜 자기의 목소리를 잃어버렸을 때, 우리는 타인의 의견에 쉽게 영향을 받게 된다. 그리고 타인의 요구에 수동적으로 복종하는 거짓 자기가 발달한다. 감정 일기를 통해 감정과 갈등을 인식하면 나의 진짜 목소리를 찾는 데 도움이 된다.

감정과 갈등을 기록하고 나서는, 스스로에게 질문을 던져보자.

'나는 왜 그런 감정과 갈등을 느꼈던 것일까?'

답을 찾지 못해도 좋다. 자신의 감정을 있는 그대로 직면하는 것은 몹시 수치스러울 수 있다. 스스로의 민낯을 드러내는 것이기 때문이다. 하지만 부끄러워하지 말고 그냥 나 자신에게 질문을 던져보자. 그리고 떠오르는 것이 있다면 기록해보자.

감정 일기는 일종의 마음 기울이기(mindfulness)라고 할 수 있다. 나의 감정과 내가 대화하는 시간을 갖는 것이다. 감정과 갈등을 피하지 않고 관찰하는 것만으로도 두렵기만 했던 감정에 가까워지고, 갈등을 견딜 수 있게 되며, 상황을 좀더 유연하고 편안하게 받아들이는 힘을 키우게 된다.

의존을 부끄러워하지 않는다

인간은 불완전한 존재다. 그래서 기댈 수 있는 대상이 필요하다. 내가 할 수 없는 것에 대해 도움을 구하는 것은 합리적인 일이다. 부끄러워할 일이 아니다. 다만, 내가 할 수 있는 것은 스스로 해결해보자. 그것이 나의 자존감을 높여줄 것이다.

헤어짐이나 삶의 변화 또는 관계의 상실을 앞두고 있을 때 극심한 불안이 일어난다면, 그 상황을 더 깊이 들여다보고 인식해보자. 내가 느끼는 불안이 현실적인 수준인가, 아니면 비현실적으로 과장된 불안인가? 세상이 모두 끝날 것 같고, 나는 어떠한 힘도 희망도 없는 것 같이 느껴진다면 나 자신에게 이렇게 물어보자.

'나는 아무런 능력도 가지지 못한 존재인가? 정말 그런가? 나에겐 힘든 감정을 견딜 힘이 있고, 나를 사랑해주고 지지해주는 사람들이 내 곁에 남아 있진 않은가?'

또한 감정을 효과적으로 안정시키기 위해서 우리는 누군가에게 나의 괴로운 감정을 이야기하고, 공감받을 필요가 있다. 너무나 외롭고 불안한 상태라면, 나를 비난하지 않고 이해해줄 사람을 찾아가 이야기를 나누자. 이것이 가장 효과적인 감정 조절 방법이다.

홀로서기, 이별이 아닌 풍성한 관계의 시작

심리적 분리와 독립은 하루아침에 일어나지 않는다. 어쩌면 평생이 걸리는 일이라고도 할 수 있다. 자녀의 심리적 독립을 촉진하는 데에는 부모의 역할이 매우 중요하다.

성장할수록 아이는 자연스럽게 부모(특히 엄마)와 분리되기를 원한다. 그런데 자녀와의 분리를 힘들어하는 부모도 있다. 여기에는 세 가지 유형이 있다. 첫째는 과잉보호하는 부모다. 자녀의 요구를 합리적인 판단 과정 없이 무조건 만족시켜주는 부모인데, 과잉보호는 과도한 통제를 의미한다. 둘째는 이중의 메시지를 보내는 부모다. 자녀에게 말로는 독립하라고 하면서도 은연중 '네가 떠나면 난 너무 허전할 것 같아'라는 메시지를 함께 보낸다. 그러면 자녀는 죄책감을 느끼고 독립을 주저하게 된다. 셋째는 자녀의 독립을 슬퍼하는 부모다. '분리는 이별이고 슬픈 것'이라며 관계를 잃는 것에 집착한다. 특히 자녀가 부모 자신의 자존감을 유지해줬던 경우 자녀가 독립해갈 때 극심한 불안을 나타내기도 한다.

하지만 자녀의 독립이 관계의 끝은 아니다. 다른 차원의 관계가 새로 맺어지는 것이다. 자녀가 독립된 인격체로 성숙해지면 부모와 자녀는 어른 대 어른으로서 새로운 수준의 친밀감을 나눌 수 있게 된다. 분리가 더는 슬픈 이별이 아니고 새로운 친밀감과 더 풍성한 관계의 시작이 되는 것이다.

자녀의 독립과 분리를 힘들어하는 부모는 이것이 왜 그렇게나 힘든지 생각해봐야 한다. 스스로 헤어짐이 힘든 이유를 탐색하고, 이해할 필요가 있다. 자신이 어떤 점에서 장벽이 되는지를 볼 수 있을 때 자녀의 독립을 도와줄 수 있다. 무엇보다 부모는 자녀에게 '안전기지(secure base)'가 되어주어야 한다. 안전기지는 볼비의 후계자인 메리 에인즈워스가 처음 사용한 용어로, 불안한 아이의 정서적 안정을 돕는 안정적 애착 관계를 가리킨다.

좋은 부모는 자녀의 심리적 역량을 잘 평가하고, 자녀가 자기 의심에 빠질 때 언제든 돌아와 기댈 수 있는 안전기지가 되어주며, 자녀의 능력에 맞는 수준의 도전을 격려하는 부모다. 특히 자녀의 자발성과 능력을 인정하고, 신뢰하며, 안심시켜주는 부모는 새로운 도전 앞에 서 있는 자녀들에게 큰 힘이 된다.

◆ 수영 씨의 감정 일기

"과장님한테 칭찬을 못 받으면 '나를 싫어하나?' 하는 생각이 들어요. 나를 보고 친절한 말을 건네지 않고 그냥 무표정하게 대하기만 해도, '내가 일을 못하고 있나?' 하고 걱정이 돼서 계속 과장님의 눈치를 보게 돼요. 과장님이 나를 싫어하는 게 아니라는 확인을 받고 싶어 하는 것 같아요. 늘 불안해요."

20대 후반의 직장인 수영 씨의 얘기다. 수영 씨는 인정중독을 치료하는 과정에서 감정 일기를 꾸준히 써왔다. 감정 일기를 쓸 때는 다음의 세 가지를 구체적으로 기록했다.

• 감정

김 과장님은 매우 엄격한 분이다. 그분과 대면해야 하는 일이 생기면 한참 전부터 초조해지고, 가슴이 뛰고, 손에서 땀이 나곤 한다. 내가 경험한 감정은 불안이었다.

• 갈등

나는 과장님을 피해 숨고 싶은 마음이 들었다. 그와 동시에, 어차피 과장님을 만나 지시받을 바에야 순종해야 한다는 마음도

든다. 이 두 가지 마음 사이에서 나는 갈등했다.

• **나에게 던지는 질문**

'나는 김 과장님이 왜 이렇게 무서울까?'

어쩌면 나는 과장님이 나에게 화를 내실까봐 무서워하는 것 같다. 과장님이 화를 내면 너무나 불안하다. 또 이런 내가 허약해 보여서 부끄럽기도 하다. 내가 과장님을 무서워하는 이유는 그가 내 자존감을 단칼에 무너뜨릴 것 같기 때문이다.

감정 일기는 자신의 감정을 마주 보고 인식하는 힘을 길러준다. 내가 지금 느끼는 감정을 인식하지 못하면, 현재 내가 겪고 있는 문제를 자세히 들여다볼 수도 없고 합리적인 대안도 찾을 수 없다. 그러면 직관과 인상에 의지해서 상황을 판단하고 충동적으로 대응하게 된다. 이것을 '행동화 경향(acting out tendency)'이라고 한다. 강렬한 불안이나 스트레스는 누구에게나 괴로운 일이다. 따라서 이를 직면하는 것도 결코 쉬운 일이 아니다. 하지만 일시적인 위안을 위해 괴로운 감정을 피하려고만 하면 문제를 해결할 수 없다. 이것이 습관이 되어 성격 안에 자리 잡으면 갈수록 돌이키기가 어려워진다. 괴롭더라도 감정을 인식하고 들여다보아야 합리적인 대처도 가능하고 충동적인 결정도 줄일 수 있다.

5장

"실수하면 사람들이 나를 무시할 거야"

_ 완벽주의 성격

상처를 받은 후 회복하는 힘은 사람마다 다른데, 완벽주의적 성격을 가진 사람은 자존감의 회복이 특히 쉽지 않다. 예컨대 친구에게 "안색이 안 좋아 보이는데 무슨 일 있어?"라는 말을 들으면, '내가 중환자처럼 흉한 몰골을 하고 있구나' 하는 식으로 해석하고 고통스러운 수치심을 느낀다. 완벽주의자들에게 가장 취약한 감정은 바로 수치심이다.

왜 갈수록 필사적일까

대학 졸업반 기철 씨는 일찌감치 기업 공채에 합격했다. 청년 실업률이 사상 최고치라는 기사가 쏟아지는 걸 고려할 때 그간 이뤄낸 어떤 것보다 뿌듯한 성과였고, 부모님도 매우 기뻐하셨다. 그런데 기쁨도 잠시, 기철 씨는 내심 걱정이 되기 시작했다.

'내가 직장생활을 잘해낼 수 있을까? 그 회사에 합격할 정도면 모두 수재들일 텐데 나만 뒤처지면 어떡하지?'

졸업 후 발령을 받아 출근을 시작했고, 신입사원 MT가 잡혔다. 그 자리에서 기철 씨는 걱정하던 바가 사실로 드러남을 확인했다. 동료들은 노래도 잘 불렀고 춤도 연예인 뺨치게 잘 췄다. 장기 자랑 시간이 되자 분위기가 더 고조됐다. 개그면 개그, 마술이면 마술, 어디서 그런 재주들을 익혔는지 신기할 정도였다. 기철 씨는 자신이 춤이나 노래는 물론 말주변조차 변변치 않다는 생각에 위축되기 시작했다. 분위기 맞추느라고 억지로 웃는 표정을 지었지만 시간이 갈수록 자신이 초라하게만 보였다.

'역시 나는 일류 회사에 들어올 감이 못 돼. 내가 올 자리가 아니었어. 다들 날 보고 그런 생각을 하는 게 분명해. 저것 봐, 자기들끼리만 어울리잖아.'

기철 씨는 달리 할 줄 아는 게 없었기에 귀퉁이에 앉아 소주만 들이켰다. 그때 한 선배가 다가와 기철 씨를 잡아끌면서 말했다.

"기철 씨는 술 마시러 MT 왔어요? 같이 어울려요. 이러면 회사생활 힘들 텐데…."

기철 씨는 창피해서 쥐구멍에라도 숨고 싶었다. MT를 다녀온 후부터 회사에 가기가 두려워졌다. 회사생활 힘들 거라던 선배의 말이 머릿속을 떠나지 않았다. 자신이 무얼 하든 뒤에서 손가락질을 하는 것 같다는 생각에 자존심이 상하고 분통이 터져 숨쉬기도 어려울 지경이었다. 창피해서 누구에게 말도 할 수 없었다. 한동안 엄청난 스트레스를 받던 기철 씨는 회사를 그만두기로 마음먹고 부모님께 말씀드렸다. 난데없는 소리에 부모님은 펄쩍 뛰셨으며, 부모님의 권유로 기철 씨는 정신치료를 받게 되었다.

기철 씨는 어려서부터 부모의 기대를 한 몸에 받으며 자랐다. 피아노 콩쿠르, 경시 대회 등 가는 곳마다 상을 탔다. 부모님의 자랑스러운 아들이었다. 그런데 기철 씨는 부모님의 이런 기대가 점점 부담스럽게 느껴졌다. 부모님을 실망시키면 안 된다는 생각에 대회에 나갈 때마다 긴장이 심해졌다. 그렇다고 부모님이 상을 타 오라고 강요하거나 매를 때리거나 한 적은 없었다. 그저 기철 씨를 위해 모든 것을 헌신하는 분들이었다. 그런데 그것이 오히려 기철 씨를 억누르는 바위가 됐다. 특히 어머니는 아들의 매니저 같은 생활을 했다. 자기 생활은 전혀 없었고, 충실한 운전기사처럼 살았다. 어머니는 순수한 모성애라고 생각했지만, 기철 씨로서는 그런 엄마에게 실망을 안기지 않기 위해 갈수록 필사적이 되어야 했다. 모든 것에 완벽해야 했다. 어머니의 헌신이 본의 아니게 아들을 완벽주의의 굴레로 몰아붙인 것이다.

사실 기철 씨는 머리도 좋고 외모도 출중한 청년이었다. 가정 형편도 좋았다. 그가 자신을 있는 그대로 받아들인다고 해도 부끄러울 것 없는 조건을 갖추고 있었다. 굳이 최고로 인정받아야 할 이유가 전혀 없었다. 그럼에도 그는 완벽해야 한다는 강박에 사로잡혀 있었고, 완벽하지 못할 때는 견딜 수 없는 수치심이 일었다. 이것을 피하기 위해서 끊임없이 타인의 인정을 갈구했다.

분석 치료가 많이 진행된 어느 날 기철 씨는 밝게 웃으며 말했다.

"선생님께 제 부끄러운 속마음을 털어놓는 것만으로도 막힌 것이 풀리는 느낌이에요."

'부끄러운 속마음'은 그동안 누구에게도 말할 수 없었던, 남에게 알려지면 창피당하리라 생각했던 마음의 비밀이다. 그런데 치료 과정에서 분석가의 반응은 의외였다. 비난하지도, 무시하지도 않았다. 오히려 경청하고 공감해주었다. 속마음을 풀어서 이해하도록 도와주었다.

"그동안 저는 남의 인정을 받는 데 너무나 목을 맸어요. 인정받지 못해도 나는 내 몫을 할 수 있는데 말이죠. 이제는 남에게 칭찬받으려는 욕심을 포기했어요. 그러고 나니 마음이 한결 가벼워요."

자신의 완벽주의 밑에 '너는 부족해!'라는 비난과 고통스러운 수치감에 대한 두려움이 있었다는 것을 깨닫자 기철 씨는 다른 사람의 평가에서 훨씬 자유로워졌다. 그는 차츰 회사에 적응하기 시작했다. 그리고 휴직이나 퇴사에 대한 생각도 멈출 수 있었다.

'완벽주의'에 매달리는 숨겨진 진심

우리는 누구나 매일매일 크고 작은 자존감의 상처를 받으며 살아간다. 상처를 받은 후 회복하는 힘은 사람마다 다른데, 완벽주의적 성격을 가진 사람은 자존감의 회복이 특히 쉽지 않다. 완벽주의자는 유난히 수치심을 잘 느끼며, 다른 사람의 부정적인 평가를 견디지 못한다. 친구가 무심하게 한 말조차 아프게 듣는다. 예컨대 "안색이 안 좋아 보이는데 무슨 일 있어?"라는 말을 들으면, '내가 중환자처럼 흉한 몰골을 하고 있구나' 하는 식으로 해석하고 고통스러운 수치심을 느낀다. 즉, 완벽주의자들에게 가장 취약한 감정이 수치심이다.

수치심은 내가 감추고 싶었던 부분이 드러났을 때 일어나는, 괴롭고 불편한 감정이다. 수치심에는 두 가지가 있다. 건강한 수치심과 병적인 수치심이다. 건강한 수치심은 비록 불편하긴 하지만 견딜 수 있으며, 나에게 부족한 점이 무엇인지를 깨닫고 나의 능력과 자원에 집중하여 더 나은 사람이 되도록 이끈다. 수치심이 들더라도 자신의 한계를 있는 그대로 인정하고 받아들일 뿐만 아니라 자신의 능력과 자원이 어느 정도인지 인식하는 기회로 삼는다.

반면 병적인 수치심은 나 자신의 한계가 드러났을 때 나의 전체가 실패했다는 극심한 무가치감을 느끼는 것이다. 한마디로, 나의 존재 자체를 수치스럽게 여긴다. 병적인 수치심은 합리적인 대처 능력을 무력화해버리고, 지독한 무기력감과 무능감에 빠지게 한다. 이는 너무나 고통스럽기 때문에 이 감정에서 벗어나려고 여러 형태의 중독과 강박 행동에 빠지기도 한다.

어린아이들은 수치심을 분명하게 드러낸다. 부끄러움을 느끼면, 울거나 손으로 얼굴을 가리거나 숨는다. 하지만 어른들은 다르다. 수치심을 숨기고 위장한다. 수치심이 몹시 고통스러운 감정이기 때문에 성장해갈수록 심리적 방어기제를 동원하는 것이다. 수치당할 위험이 느껴지면 방어기제들이 작동하여 수치심을 의식하지 못하도록 막아준다. 예컨대 어떤 사람은 수치심이 자극

되면 부끄러움을 느끼는 대신 오히려 냉담해지고, 상대방을 욕하고 깎아내린다. 그렇게 하면 자신에 대한 수치심을 피할 수 있다. 나아가, 상대방이 형편없는 인간이고 '나는 그 사람보다 훨씬 좋은 사람이야!'라는 우월감을 느낄 수 있다. 또 어떤 사람은 수치심을 피하기 위해서 성공이나 승리에 집착한다. 완벽한 승리자, 힘센 영웅이 되면 어떤 경우에도 수치심을 느낄 필요가 없고 당당할 수 있기 때문이다.

사람은 누구나 자신에 대한 기대를 갖고 있다. 그런데 자신에 대한 기대가 비현실적으로 높고 이상적인 사람들이 있다. 이들은 현실의 자신이 이상적 기대 수준에 미치지 못하면 극심한 수치심을 겪는다. 이를 피하고자 자신에게 늘 이렇게 말하면서 완벽함이라는 내면의 기대 수준에 도달하려고 필사적이다.

'나는 완벽해야 해! 결함이 노출되면 사람들이 날 무시할 거야.'

'나는 모든 사람에게 내가 가치 있는 사람이란 걸 인정받아야 해. 그렇게 인정받기 위해서는 완벽해야 해.'

하지만 인간에게 완벽은 불가능하다. 그들도 이성적으로는 그런 한계를 알고 있지만, 인정중독자들의 감정 세계에서는 완벽만이 다른 사람의 비난과 따돌림 그리고 수치심을 피할 수 있는 유일한 방법이라는 믿음이 있다. 그래서 완벽을 위한 숨 막히는 투쟁을 한다. 완벽함이 좋아서가 아니다. 완벽하다는 인정을 받아야 수치를 피하고 안심할 수 있기 때문이다. 그들은 '인정받음'을 통해 안심하고 싶은 것이다.

자존감을 무너뜨리는 자기 비난의 목소리

왜 완벽주의에 빠지는 걸까? 왜 자존감이 쉽게 무너지는 걸까? 바로, 마음속에 있는 '자기 비난의 소리' 때문이다. 정신분석을 창시한 지그문트 프로이트는 우리 내면에 자신을 평가하고 비판하는 마음의 구조가 있다고 했다. 이것을 '초자아(superego)'라고 이름 붙였는데, 다른 말로 하면 '내 위에 있는 나'라고 할 수 있다. 내 위에서 나를 감시하는 또 다른 나다. 이 초자아가 자존감에 매우 큰 영향력을 행사한다. 초자아는 내 행동의 옳고 그름을 판단하고, 나의 값을 매기는 '내면의 권위자'다. 예컨대 초자아가 비합리적으로 엄격한 사람이라면, 그의 내면세계는 비난의 소리로 가득할 것이다. '완벽하라!'는 초자아의 명령 앞에서 완벽하지 못한 자신을 보게 될 때마다 발가벗겨진 듯한 수치심으로 괴로울 것이다. 극심한 수치심이 느껴질 때 자존감은 마른 낙엽처럼 쉽게 부서져버린다.

그렇다면 초자아와 인정중독은 어떤 관계가 있을까?

완벽주의에 빠진 여의사를 상담한 적이 있다. 김 선생이라고

하자. 그녀의 어머니는 쌀쌀맞고 처벌적인 분이었다. 어렸을 때 김 선생은 시험을 보고 나면 오답의 숫자만큼 매를 맞았다. 한 개만 틀려도 매를 맞았다. 김 선생에게 시험은 공포였다. 답안지를 몰래 고치기도 했는데, 그럴 때면 엄청난 죄책감에 시달렸다. 처벌적인 어머니가 내재화되어 김 선생은 가혹한 초자아를 갖게 되었다. 이제는 어른이고 대학병원의 레지던트가 되었지만, 아직도 그녀는 매일 완벽을 추구하며 초조하게 살고 있다. 어렸을 때 시험 보는 날처럼.

김 선생은 교수들 앞에서 발표하는 시간이 제일 두려웠다. 그들에게 "김 선생은 우수한 레지던트입니다"라고 인정받고 싶은데, 창피를 당할 것만 같다는 걱정을 억누를 수 없었다. 너무 걱정되고 떨려서 죽고 싶다는 생각을 한 적도 있다. 의사실이 10층이니 창문 밖으로 뛰어내리면 발표를 하지 않아도 될 텐데 하는 공상도 했다. 어처구니없는 자살 충동이었다.

나는 김 선생이 안쓰러웠다. 일류 대학 의대를 나오고 친구들이 모두 부러워하는 자리에 있으면서도, 그녀는 유년기에 그랬던 것처럼 초조감에 휩싸여 살고 있었다. 가혹한 초자아, 처벌적인 내면의 권위자(유년기의 어머니) 때문이다. 김 선생은 자기 과의 교수들을 유년기의 처벌적 어머니로 착각하고 있었다. 무의식에 이런 착각이 숨어 있는 것이다.

어릴 때 아이는 부모의 사랑과 인정을 받으려 한다. 부모의 사랑과 인정을 받아야 생존할 수 있기 때문이다. 또한 아이는 부모의 인정을 받을 때, '나는 예쁜 아이야'라는 자존감이 생긴다. 부모의 인정과 훈육은 아이의 마음에 내면의 권위자인 초자아로 자리 잡는다. 초자아가 형성되고 나면, 현실 부모에게 인정받는 것보다 내면에 자리 잡은 초자아에게 인정받는 것이 훨씬 중요한 과제가 된다. 그런데 김 선생의 어머니처럼 좀처럼 인정해주지 않는 부모 밑에서 자란 아이는 완벽주의적인 초자아를 갖게 된다.

한 가지 흥미로운 사실은 지나치게 허용하는 부모의 아이들에게서도 엄격한 초자아가 발달할 수 있다는 것이다. 지나치게 허용적인 부모의 아이는 '이렇게 친절한 부모님의 기대를 저버리면 안 돼'라는 의무감을 갖게 된다. 아이는 허용적이고 친절한 부모를 실망시키지 않기 위해서 스스로의 충동을 더욱 가혹하게 통제하는 초자아가 필요해진다.

이처럼 지나치게 엄격한 부모와 지나치게 허용적인 부모의 자식들은 모두, '모든 것을 완벽하게 해내야 한다'라는 초자아의 압력을 받으며 살게 된다. 이런 사람은 직장에서나 대인관계에서 "이 사람은 완벽해!"라고 인정을 받아야 안심한다. 그래야 비로소 내면의 초자아가 만족하기 때문에 초자아의 공격, 즉 죄책감과 수치심도 피할 수 있다. 그러면 자존감이 안정된다. 하지만 가혹한 초자아는 만족시키기가 어렵다. 이런 이유로 초자아가 가혹할수록 완벽주의적 인정중독에 빠질 위험이 커진다.

가혹한 초자아와
건강한 초자아

상대가 누구건, 비판이나 거절을 당하면 누구나 괴롭고 수치심을 느끼기 마련이다. 그런데 부모와 자녀 사이에 이런 일이 일어나면 상처가 더 크다. 특히 권위주의적인 부모, 공감적이지 않은 부모의 비판은 자녀의 마음에 커다란 상처를 남긴다. 이런 환경에서 자란 사람들은 부모를 떠올리게 하는 대상에게서도 쉽게 상처받고 수치심을 느낀다. 예를 들어 학교 선생님이나 직장 상사 등 권위적인 대상이 나의 감정과 자존심을 침범했을 때 극심한 수치심을 느낀다.

수치심을 쉽게 느끼는 사람은 머릿속으로 상대방의 생각을 끊임없이 추적한다. 누군가가 칭찬을 해주어도 그대로 받아들이지 못하고 경계한다.

'저 사람은 입으로만 저러는 거야. 속으로는 나를 비웃고 있을 거야!'

그리고 이들은 자신이 다른 사람들의 마음을 읽을 수 있다는 믿음을 가지고 있다. 이런 믿음은 스스로에게 위안을 준다. 다른 사람의 마음을 미리 알 수만 있다면 수치당할 위험을 예방할 수 있기 때문이다.

'과장님 표정을 보니 내가 오늘 지각한 것에 대해 화가 나 있는

것 같은데? 크게 당하지 않으려면 내가 먼저 기분을 풀어드려야겠어.'

그런데 여기서 또 다른 문제가 발생한다. '내가 다른 사람의 마음을 읽을 수 있다면 다른 사람들도 내 마음을 읽을 수 있지 않을까?'라는 생각으로 이어진다는 것이다. 생각이 여기에 이르면 마치 어항 속의 금붕어 같은 느낌이 든다.

'모두가 내 마음을 알고 있어. 과장님도 내가 자기를 비웃고 있다는 것을 아는 것 같아. 어쩌면 좋을까? 과장님께 더 잘해야겠어.'

마음은 다시 불안해지고 속내를 들키지 않으려고 숨게 된다. 결국 수치당하는 일을 피하기 위해 머릿속으로 수많은 상황을 상상하고 의심할 뿐, 현실을 있는 그대로 보지 못한다.

지나치게 가혹한 초자아를 가진 사람은 매사가 경직되어 있다. 내면세계의 권위자가 발목을 잡고 겁을 주기 때문이다. 융통성을 가질 수 없고, 자신에게 너그럽지 못하다. 내면의 가혹한 권위자가 휘두르는 권력에 복종하고 있기 때문이다. 그래서 가혹한 초자아에 지배받는 사람은 스스로 생각하고 결정하는 '합리적인 자발성'을 갖지 못한다. '명령과 복종'의 타율성만 존재할 뿐이다.

그러나 초자아가 건강하고 성숙한 사람의 내면세계는 다르다. 건강한 초자아를 가진 사람은 자기에 대한 평가가 현실적이고, 합리적이며, 유연하다. 누군가가 나를 비난하거나 거절했을 때도 합리적인 초자아를 가진 사람은 쉽게 무너지지 않는다. 대신, 그 비난이 적절한 것인지를 먼저 따져본다. 그렇게 하여 지나친 죄책감이나 수치심으로부터 자신을 보호하고 변호해준다.

건강한 초자아를 가진 사람은 자율적으로 법을 지키는 능력도 갖추고 있다. 사람들과 어울려 살아갈 수 있는 준법의식이 내면에 분명하게 자리 잡고 있다. 강제적인 감시나 통제가 없어도 사회 구성원으로서 법을 지키며 조화롭게 어울려 살아갈 수 있는 사람이다.

때로는 '어린아이처럼' 굴어도 좋다

경호 씨는 30대 직장인이다. 고지식하고 고집이 세며 다소 공격적인 성향의 그는 일을 지나치게 꼼꼼히 하는 편이다. 기획안을 몇 차례씩 확인하고 수정하고 나서야 제출하기 때문에 프로젝트의 진행이 느려지는 일이 잦았다. 이 때문에 팀원들의 원성을 사고 상사와 충돌하기도 했다. 경호 씨로서는 도저히 받아들일 수 없는 일이다. 일을 똑바로 하라고 바른말을 했을 뿐인데 주위 사람들이 자신을 미워하니 말이다.

경호 씨는 원리원칙을 중요시하고, 타인에게 지나치게 비판적이다. 자신이 상황을 통제하고 있어야만 안심이 되는 사람이다.

감정도, 인간관계도, 일도 모두 자신의 완벽한 통제 아래 있어야만 불안하지 않다. 경호 씨에게 통제는 무엇을 의미하는 것일까?

경호 씨는 어려서부터 누구에게도 의존하지 않고 자기 일을 스스로 처리해왔다. 부모님이 너무 바쁘셨기에 큰아들인 자신이 동생들에게 부모 역할까지 해줘야 했다. 어린 경호 씨에게는 누군가가 나를 사랑해주고, 돌봐주고, 위로해주기를 바라는 마음이 늘 있었다. 하지만 아버지한테 "다 큰 녀석이 부끄럽게 그런 생각을 하니? 어린애처럼"이라는 비난을 들은 후로는, 그런 감정이 느껴질 때마다 아버지의 싸늘한 얼굴이 떠올라 수치심이 들었다. 일찍 어른이 되어야 했던 경호 씨의 유일한 취미는 술이다. 누군가에게 위로받고 싶을 때는 술을 마신다. 특히 외로운 감정이 들 때면 술을 찾게 된다. 술에 취하면 마음이 좀 풀리는 것 같았다.

경호 씨는 자기가 주도권을 쥐고 있다고 느낄 때 안심이 됐다. 모든 것을 통제하고 있으면 수치심을 느낄 위험도 없다. 경호 씨는 특히 의존하고 싶다는 마음이 들면 못 견디게 부끄러웠다. 그 때문에 늘 사람들과 거리를 두었고, 그래서 외로웠다. 누군가에게 의지한다는 것은 부끄러운 일이었고 사람들은 믿을 수 없는 존재였으며, 관계를 통한 위로의 효과도 믿을 수 없었다. 하지만 술은 달랐다. 술은 언제든지 통제할 수 있었고, 자신이 원하는 위로도 주었다.

경호 씨는 알코올 의존의 가능성이 컸다. 경호 씨와 같은 성격을 자기 심리학(self psychology)에서는 '중독성 성격'이라고 한다. 즉 고통스러운 자존감의 상처를 위로하기 위해서 사람이 아니라 자신이 통제할 수 있는 술이나 도박, 일 등을 이용하는 성격이다. 누군가에게 기대고 싶고 위로받고 싶지만, 그런 자신을 심하게 질책하고 비난하는 초자아(아버지)의 목소리가 들릴 때마다 중독 상태에서 느끼는 자기애를 이용하여 위안을 얻는 것이다.

자신에게 가혹한 사람들이 삶을 불행하게 만드는 네 가지 방식

이 책에서는 초자아의 병리를 모두 다루기보다 가혹한 초자아가 인정중독의 삶에 어떤 영향을 미치는지에 초점을 맞추려 한다. 가혹한 초자아는 인정중독자의 삶을 불행하게 만드는데, 다음과 같은 네 가지 문제를 일으킨다.

자존감을 무너뜨린다

병적인 초자아의 평가는 항상 비합리적이고 극단적이다. 가혹한 초자아를 가진 사람은 합리적인 이성을 동원하기가 어렵다. 혹시라도 타인의 비난을 받게 되면 그 비난을 이성적으로 검증하지 못한다. 상대방의 비판은 항상 객관적이고 정당해 보인다. 마치 거역할 수 없는 재판관의 선고처럼 타인의 비난을 비판 없이 받아들인다. 어쩌다가 작은 실수를 하게 되어도 '왜 넌 항상 그 모양이니? 한심하기 짝이 없어'라고 자책하며 스스로 자존감에 상처를 준다. 그래서 병적인 초자아를 가진 사람은 자신에 대한 좋은 감정, 즉 자존감을 유지하기가 힘들다. 수치심과 죄책감을 운명처럼 당연한 것으로 받아들인다.

완벽주의에 빠뜨린다

앞서 설명한 것처럼 완벽주의적 성격의 인정중독자들은 수치심을 피하기 위해 완벽을 추구한다. 매사를 완벽하게 해야 하고, 모든 사람에게 인정을 받아야 한다. 완벽주의자는 자기 자신에게 완벽을 요구하는 데 그치지 않고 타인에게도 매우 비판적이다. 아무리 사소한 것일지라도 규칙을 어기는 사람을 보면 참을 수가 없다. 분노가 치밀어 오른다. 그러나 그런 분노 감정을 노출하는 것은 매우 위험한 일이라고 생각하기 때문에 표현하지 못한다. 대신 마음속으로 갖가지 잔인한 상상을 하기도 한다.

건강한 욕구의 추구를 가로막는다

병적인 초자아는 성적 욕구든 공격 충동이든 간에 자신의 모든 욕구를 부적절한 것이라고 공격한다. 비합리적이지만 강력한 공격이다. 병적인 초자아의 강력한 공격은 합리적인 판단을 방해하는데, 이러한 경험을 정신분석에서는 '퇴행'이라 한다. 이런 경험이 반복되면, 내가 느끼는 욕구가 건강하고 적절한 욕구인지 아니면 부도덕하고 지나친 이기심인지 구분하지 못하게 된다. 그 결과 내가 정상적이고 자연스러운 욕구를 느낄 때도 그 욕구를 염치없고 지나친 탐욕이라고 생각하게 된다.

반면, 타인의 욕구는 늘 정당한 것으로 보인다. 나는 항상 옳지 못하고 이기적이지만 타인은 항상 옳고 정당하다. 타인들 앞에서 자기주장을 할 수 없는 이유가 여기에 있다. 지나치게 죄책감에 민감한 사람은 자신을 위해서 시간과 돈을 써서는 안 된다고 생각한다. 자신이 이룬 성공도 자기가 이룬 것이 아니라고 생각한다. 오히려 성취감을 느끼는 순간 자만하고 있다며 자신을 비난한다. 그래서 자기희생적 성격이 되기 쉽다.

친밀한 관계를 방해한다

가혹한 초자아는 건강한 욕구를 비난할 뿐 아니라 감정적으로 친밀감을 느끼는 것도 방해한다.

'누가 너 같은 인간을 좋아하겠니?'

'그 사람은 너에게 부담을 느낄 거야.'

'사람들은 너와 다니는 것을 부끄러워할 거야.'

이러한 내면의 목소리 때문에 사람들과 가까워지지 못한다. 자식과 배우자에게조차 친밀감을 느끼지 못한다.

'이 아이들은 내가 자기 엄마라는 사실을 부끄러워할 거야. 그러니 아이들 학교에 가서는 안 돼.'

'내가 오늘 저녁 친구를 만나러 가면 남편은 다른 여자를 만나러 갈지도 몰라.'

'부족한 나를 과연 그들이 사랑해줄까?'

이런 의구심에 사람들을 믿지 못하고, 친밀해지지 못한다. 그래서 마음이 늘 허전하고 외롭다. 가혹한 초자아가 만들어내는 폐해다.

숙련된 비난자는 나였다

인간의 마음은 어떻게 탄생하고 자라는 것일까? 갓 태어난 아이는 생존을 위한 대부분의 기능을 외부에 의존한다. 비록 몸은 엄마로부터 분리되어 개체가 되었지만, 감정과 충동을 스스로 조절하지 못한다. 이후 대상과의 감정 경험이 쌓여가면서 마음이 복잡하고 정교하게 조직되어간다. 특히, 어린 시절 대상과의 반복되는 관계 경험이 조직되어 여러 정신구조를 만든다. 감정과 충동을 조절할 수 없었던 아이의 마음속에 자아가 생겨나, 미숙하지만 충동을 조절하고 현실 적응을 시작한다. 죄책감과 양심을 담당하는 초자아도 생긴다. 자아는 초자아의 위험 신호를 받아들이고 처리하는 능력을 키워나간다. 이것이 정신구조의 발달 과정이다.

또한 타인이 나에게 어떻게 행동할지 특정한 패턴을 예상하는 기억이 의식 밖에 있는 절차기억(procedural memory)으로 저장된다. 그 결과 어린 시절 대상과의 관계 경험은 의식 경험 밖에 있는 무의식 세계에 내면화되어 평생 영향을 준다. 이렇게 '심리적으로 탄생한 아이'는 자기 마음에서 일어나는 감정을 느끼고, 외부 현실도 인식하게 된다. 그리고 엄마를 비롯하여 사랑하는 사람들과 관계를 맺을 줄도 알게 된다.

초자아라는 마음의 구조는 6세경을 전후하여 확립된다. 건강한 초자아를 가질수록, 자기를 비난하고 처벌하려는 목소리뿐만 아니라 선한 양심을 유지하고 만족스러운 삶을 누릴 수 있도록 허용하는 목소리도 가지게 된다. 앞서 소개한 기철 씨나 경호 씨의 예처럼, 내면에 비난하고 벌주는 목소리만 있다면 그 가혹한 초자아 탓에 자존감이 설 자리가 없게 된다. 이런 사람은 초자아가 발달되어가는 과정 중 어떤 시기에 심각한 문제가 있었다고 볼 수 있다. 가혹하고 경직된 초자아를 유발하는 네 가지 상황을 살펴보자.

안정적 애착의 실패

첫 번째 문제가 되는 상황은 엄마와의 애착이 불안정한 경우다. 안정적인 애착을 형성하지 못한 아이에게는 '내가 필요로 할 때 엄마는 내 곁에 있어주지 못할 것'이라는 고정관념이 생긴다. 그래서 아이는 엄마와 떨어지는 것을 몹시 두려워하게 된다. 그 결과 엄마로부터 건강하게 독립하지 못하며, 분리불안이 심한 아이가 된다. 심리적으로 엄마와 분리되지 못하면 모든 가치 판단을 내가 아닌 엄마 혹은 권위자의 기준으로 하게 된다. 경직되고 처벌적인 가치관을 가진 부모가 있다면 그 자녀의 마음에도 경직되고 처벌적인 비판의 목소리가 우세해질 것이다.

지나치게 간섭하고 통제하는 부모

두 번째 문제가 되는 상황은 부모가 자녀를 지나치게 간섭하고 통제하는 경우다. 엄마의 공감적인 양육을 받지 못하며 자란 아이는 좌절과 분노를 느낀다. 의존의 대상인 엄마에게 분노의 감정을 느끼면 아이는 불안해진다. 그리고 분노의 감정을 강하게 억눌러 엄마의 사랑을 잃지 않으려고 노력한다. 이때 아이의 마음에 필요한 것이 자기 분노를 통제하기 위한 비난의 목소리다.

'엄마 말을 듣지 않으면 혼나!'

'엄마에게 화를 내면 엄마가 너를 버릴 거야!'

분노를 통제하기 위해서 마음 깊은 곳에 자기 비난의 목소리를 간직하게 된다. 이것이 가혹한 초자아가 된다.

모순과 갈등을 허용해주지 않는 부모

세 번째는 부모가 자녀의 모순과 갈등을 허용하고 수용해주지 못하는 경우다. 인간은 모순덩어리다. 상충하는 생각과 감정이 동시에 존재한다. 예를 들어, 아이는 엄마에게 의존하고 싶어 하는 동시에 엄마로부터 독립하고 싶어 한다. 마음은 항상 이처럼 모순된 감정과 욕구를 경험한다. 저명한 정신분석가 찰스 브레너는 인간의 실존을 한마디로 정의했다.

"인간의 마음은 늘 갈등 중이다."

부모가 아이의 이러한 갈등과 모순을 견뎌주고 수용해줄 때, 아이는 정서적으로 안정되고 유연해진다. 그런데 부모가 아이의 갈등을 비난하거나 거부하면, 아이는 정서적으로 몹시 불안해진다. 갈등의 마음 상태는 몹시 괴롭기 때문에 아이는 여기서 벗어나기 위해서 갈등을 피하고, 대신 흑백논리와 옳고 그름에 집중한다. 그럼으로써 가혹한 초자아가 생긴다. 감정은 비효율적이고 불편한 것이라며 무시하고 합리성과 효율성, 논리성에 집중한다. 안타깝게도 이러한 노력의 결과 마음의 시야가 협소해지고, 상대방과 나 사이에서 일어나는 감정적 맥락을 제대로 이해하지 못하는 사람이 된다. 결국 자신이 가진 모순을 받아들이지 못하고 이분법과 명분에 집착하는 성격이 되는데, 이러한 성격을 '강박적인 성격(obsessional personality)'이라고 한다.

경쟁적인 감정을 허용하지 않는 부모

네 번째 문제가 되는 경우는 부모가 아이의 경쟁적인 감정을 허용하지 않고 짓밟아버릴 때 발생할 수 있다. 예컨대 아들에게 결코 져주지 않는 아빠, 사사건건 딸을 비난하는 엄마가 이런 경우다. 이런 부모는 아이에게 깊은 자존감의 상처를 준다. 이때 아이는 같은 성별의 부모 모습을 내재화하고 닮아간다는 데 큰 갈등을 느낀다. 또한 자신을 인정하지 않고 비판하는 부모의 모습이 자녀의 초자아 안에 남게 된다.

6세 이후에도 초자아는 유년기와 청소년기를 거치면서 계속 성숙하고, 변화와 수정 과정을 거친다. 초자아의 성숙이 잘 진행된 사람은 '자율성'을 갖추게 된다. 즉, 어떤 일을 할 때 그 결정을 나의 의지와 욕구에 따라 직접 내리는 것이다. 하지만 초자아의 성숙이 제대로 이뤄지지 못한 사람은 어떤 일을 누군가가 시켜야 하거나 외부의 처벌을 받을까봐 또는 수치당할 것이 두려워서 마지못해 한다. 한마디로, 타율적이다. 성숙한 초자아를 가지고 자율성을 가진 사람은 자존감도 높고 안정되어 있다. 다른 사람들의 평가나 인정에 얽매이지 않는다. 하지만 엄격한 내면의 '목소리'에 지배당하는 사람은 그 목소리가 요구하는 기준에 도달하기가 어렵기 때문에 자존감이 낮고 불안정하다.

자기모순을 받아들일 때 변화는 시작된다

빅토르 위고의 소설 《레미제라블》에는 매우 독특한 인물이 등장한다. 자베르 경위다. 처음 그는 감옥의 간수였고, 후에 경찰이 된다. 그는 장발장이 탈옥한 이후 평생에 걸쳐 그를 추적하여 파멸시키려는 인물이다. 그는 법의 수호자를 자처하며, 스스로를 선(善)과 정의 자체라고 생각한다. 법의 권위를 보위하고 반란군을 섬멸하는 것이 그가 정한 자신의 사명이다. 그의 정의는 타협이 없고 절대적이다. 법은 곧 그의 주인이자, 그 자신이다.

영화 〈레미제라블〉에서 자베르 경위가 자신의 사명을 노래하는 장면을 보면, 그의 결의는 가히 성스럽기까지 하다. 자베르는 매우 심각하고, 늘 진지하며, 스스로 고립되어 산다. 그는 결코 삶을 즐기지 않는다. 오직 사명을 수행하는 것만이 중요할 뿐이다. 그는 생각에 잠기는 것을 싫어했다. 왜냐하면 생각 속에서 들리는 마음속 저항의 목소리(감정)를 싫어했기 때문이다. 자베르는 외부의 저항군을 섬멸하려 했듯이 내면의 저항군(감정)도 철저히 통제하며 살았다. 자베르에게 법을 어긴 자는 악인이며, 악인은 결코 선한 인품을 가질 수 없다는 믿음이 있다. 그는 반복해서 장발장에게 말한다.

"너 같은 인간은 결코 변할 수 없어!"

하지만 자베르는 탈옥수이자 범죄자인 장발장 덕에 위기를 모면하고 목숨을 구한다. 섬멸해야 할 악의 도움을 받은 것이다. 장발장은 법을 어긴 사람이라 해도 반드시 악인은 아니라는 사실을 자베르에게 보여주었다. 이 일로 자베르는 장발장의 인격에 대한 자신의 믿음이, 일생을 바쳐온 자신의 신념이 잘못된 것일 수 있다는 생각을 하게 된다. 그는 극심한 혼란을 겪는다. 후에 자베르는 장발장을 체포할 수 있었으나 놓아주고 만다. 자베르의 혼란은 여전히 매우 고통스러운 것이었다. 결국, 그는 자살로 삶을 마감한다.

자베르를 우리는 어떻게 이해할 수 있을까? 비록 소설 속의 인물이지만, 자베르 안에는 우리 모두가 가진 중요한 내적 경험들이 투영되어 있다. 자베르의 무의식 속으로 들어가보자.

자베르의 정신분석: 압도적인 이상적 자기와 가혹한 초자아

자베르는 감옥에서 태어났다. 어머니는 집시이고 아버지는 죄수다. 그가 겪은 감옥 안 세상에는 두 종류의 사람들이 있었다. 사회의 시스템을 지키고 보호하는 사람과 사회의 시스템을 공격하는 사람이다. 자베르는 자유분방하고 저항적인 사람들을 경멸했으며 자신을 정직, 질서, 법과 동일시했다. 하지만 자베르의 이면에는 자신의 근원에 대한 극심한 수치심이 숨겨져 있다. 그가 장발장을 향해 외친다.

"너는 나에 대해 아는 것이 전혀 없어. 나는 감옥 안에서 태어났다. 너와 같은 쓰레기들 사이에서. 그 시궁창 같은 곳에서 나도 태어났다."

이는 그에게 너무나 고통을 주는 사실이기 때문에 수치심으로부터 자신을 보호할 강력한 수단이 필요했다. 그는 수치심과 모멸감을 주는 실제 자기(real self)를 부정하고, 법과 숭고한 가치를 지키는 이상적인 자기(ideal self)를 자신의 모습으로 붙잡았다. 자베르의 실제 자기(죄수의 자식)는 점차 의식에서 분리되어 사라지고, 이상적인 자기(법의 수호자)가 그 자리를 점령했다. 실제 자기가 감정을 통해 올라올 때마다 자베르의 무의식적 방어기제가 작동했다. 감정은 억압되고 통제되었다.

하지만 자베르의 마음 깊은 곳에는 자기 자신을 향한 극도의 혐오와 모멸감이 있었다. 자베르가 성장 과정에서 경험한 고통스러운 좌절감과 강렬한 분노는 이상적인 가치와 결합되었다. 그럼으로써 매우 가혹하고 처벌적인 내면의 목소리가 만들어졌다. 그의 마음속에는 질서를 깨뜨리고 권위에 도전하는 저항세력을 감시하고, 비난하고, 처벌하는 내면의 권위자(초자아)가 생겨났다.

가혹한 초자아의 비난과 처벌을 두려워하는 자베르는 자신의 욕구를 희생하고, 초자아에 대한 헌신과 복종으로 일관한다. 자베르의 모든 행동은 마음속에 있는 권위자를 만족시키기 위한 것이었다. 수치심을 막기 위해 다른 감정을 모두 통제하고, 자기 자신을 향한 지독한 혐오감을 간직한 자베르는 사랑의 감정을 느끼지 못하는 인간이 되었다. 그의 심장은 차갑게 식어버렸다.

그러나 자베르는 더는 장발장을 가둘 수 없다는 것을 알게 된다. 죽음을 선택하기 전에 자베르는 말한다.

"어떻게 이자가 나를 지배하도록 할 수 있겠는가? 이자의 손에 내가 죽었어야 했다. 하지만 나는 살아 있다. 살아 있으나 지옥에서 살게 되었구나."

범죄자를 처벌하는 법의 수호자와 법을 어기고 생명을 구해준 은인 장발장을 용서한 인간 자베르. 자베르는 자신 안에 존재하는 모순을 본다. 이것은 그의 인격이 감당하기 어려운 도전이었다. 만일 그가 자신의 모순을 있는 그대로 받아들일 수 있었다면 이 위기에서 새로운 인격으로 변화할 기회를 찾을 수도 있었을 것이다. 하지만 그는 변화를 원치 않았다. 그리고 죽음을 택했다. 자베르는 죽음으로써 내적 혼란과 자기애적 상처를 피하려 했던 것은 아닐까? 변화를 위해 희생해야 할 것들이 죽음보다 더욱 크다고 느꼈던 것은 아닐까?

우리 시대의 자베르

건강한 인격일수록 자신이 가진 다양한 측면을 받아들이는 힘이 있다. 그렇게 하면 실제 자기와 이상적인 자기가 모두 경험되고, 이 둘이 분명하게 구분된다. 실제 자기의 현실적 측면을 받아들일 때 이상적 자기도 수정되고, 보다 유연하고 현실적으로 변할 수 있다.

자베르는 너무나 가혹하고 비판적이며 경직된 내면의 권위자(초자아)를 가지고 있다. 우리 주위에서, 그리고 역사 속에서 자베르와 같이 내면의 권위자가 강요하는 엄격한 요구 아래 자신의 감정과 욕구를 희생하는 사람을 드물지 않게 볼 수 있다. 내면의 권위자가 요구하는 삶을 살아가는 사람은 진정한 자기 욕구와 감정을 희생하는 거짓 자기로 살게 된다. 이들에게는 뿌리 깊은 피해의식이 있다. 외부의 누군가가 요구하지 않았더라도, 내부의 압제와 착취에 희생하며 살아왔기 때문이다. 이들은 때때로 자신의 분노가 외부적 상황으로 정당화될 때면 강렬한 분노를 표출하며, 특권의식에 사로잡히기도 한다.

"나는 당연히 특별한 대우를 받을 자격이 있어. 왜냐하면 나는 지금까지 내 삶을 희생해왔기 때문이야!"

이들은 또한 수치심에 매우 취약하고, 자신의 생각이나 감정을 드러내지 않으며, 스스로 고통을 유발하고 끊임없이 타인의 칭찬과 존경을 확인하고자 한다. 가혹한 초자아와 거짓 자기는 다음 장에서 다룰 자기희생적 성격과도 관련이 깊다.

수치심에서 자유로워지려면

수치심으로부터 자유로워지기 위해서는 나의 모습이 비록 완벽하지 못하고 모순되더라도 있는 그대로 수용할 수 있어야 한다. 더불어 내가 느끼는 수치심과 완벽주의의 뿌리가 무엇인지 잘 이해해야 한다. 이를 위해서는 내적 성장이 필요하다.

나를 인정해주고 공감해주는 관계를 경험하자

병적인 수치심으로 인한 인정중독에서 해방되려면 누군가에게 나의 자율성과 개성을 있는 그대로 충분히 수용받고 인정받을 필요가 있다. 내 감정을 그대로 드러내도, 내 의견을 그대로 표현해도 비난받거나 처벌받지 않는 새로운 관계의 경험이 필요하다. 이런 관계를 충분히 경험할 때, 나의 마음에 그 대상과 나눈 안전한 관계가 자리를 잡는다. 지금까지 수치심을 주던 가혹한 내면의 목소리가 있던 자리에 나를 인정해주고 공감해주는 대상과의 경험이 들어선다. 이렇게 되면 나 자신도 나의 모습을 있는 그대로 받아줄 수 있다. 이것이 내적 성장이다. 공감적 치료자와 안정된 치료 관계를 오래 갖는 것은 내적 성장에 큰 도움이 된다.

정신분석은 내적 성장을 도와준다. 분석가와 깊이 연결되어 진행되는 체계적인 분석을 받으면, 심리적으로 성장하고 마음에 힘이 생긴다. 이를테면 다음과 같은 힘이다.

- 자신의 인생을 스스로 책임지고 결정하고 행동하는 능력
- 견디기 어려운 감정을 견디면서 관찰할 수 있는 능력
- 갈등을 피하지 않고 견디는 능력
- 삶 속에 실제로 존재하는 위험과 내 마음속 환상에 근거한 위험을 구별하는 능력
- 지나치게 이상적인 내적 기준을 현실적이고 유연한 기준으로 대체하여 자신을 합리적으로 평가하는 능력

마음에 힘이 생기면 자존감의 상처를 입어도 병적인 수치심에 빠지지 않는다. 또한 자신의 능력과 성취를 자랑스럽게 느낄 수 있다.

수치심을 피하지 말고 정보로 이용하자

동물은 자기 영토를 지킬 때 공포와 분노라는 두 가지 감정을 주로 이용한다. 그러나 인간은 사회적 관계가 복잡하기에 다양한 감정적 신호를 사용한다. 슬픔, 수치심, 죄책감 등은 복잡한 사회적 관계 안에서 꼭 필요한 감정들이다. 이러한 감정을 느낄 때 우리는 그런 감정을 일으킨 상황에 맞게 자기 행동을 조절해야 한다. 예컨대 사랑, 즐거움, 행복감 같은 강렬한 긍정적 감정을 느끼

면 대상과의 관계를 더 강하게 결속하고 유지하게 하는 방향으로 행동할 것이다. 긍정적 감정만이 아니라 수치심과 같은 부정적인 감정도 우리의 내면세계를 알려주는 소중한 정보가 된다. 복잡하고 세밀한 감정을 경험할 때마다 더 다양한 인간관계를 이해하고 경험할 수 있을 것이다. 다만 필요한 것은 감정을 관찰하고 생각할 수 있는 능력이다.

수치심이 느껴지는 순간이 있다면, 무조건 피하려고만 하지 말고 관찰해보자. 그리고 수치심에 대해서 궁금증을 가져보자. 만일 어느 순간에 강한 수치심이 느껴졌다면, 무언지는 모르지만 숨기고 싶은 무언가가 드러났다고 느낀 것이다. 그때는 자신의 마음에 이렇게 물어보자.

'나는 무엇을 숨기고 싶었던 걸까?'

'나의 어떤 부분이 드러난 걸까?'

이 질문에 대한 마음의 대답이 많은 정보를 줄 것이다. 이 정보를 자세히 들여다보면 수치심을 주는 원인이 외부에 있는지, 아니면 내 안에 있는지도 볼 수 있다.

우리는 흔히 수치심을 일으키는 원인이 밖에 있는 누군가라고 생각한다. 예컨대, 직장 상사에게 지적을 받으면 몹시 수치스러울 것이다. 창피해서 죽고 싶을 만큼 괴로울 수도 있다. 하지만 자신의 마음을 자세히 들여다보면 자신의 반응이 지나치다는 것을 알게 된다. 자신이 직장 상사를 과대평가하고 있음을 알 수 있고, 그가 내 인생을 좌지우지할 만큼 위대한 인물이 아니라는 것도 분명해진다. 그 사람도 나와 같이 불완전한 사람이다. 그렇다면 내가 느낀 엄청난 수치심은 직장 상사 때문이 아니다. 직장 상사의 '자극'을 받아 무차별적으로 나를 공격하는 내 안의 가혹한 초자아 때문이다.

이런 점이 이해되고 나면 심리적 자유를 찾을 수 있다. 이제는 그 직장 상사를 피해 숨을 필요가 없다. 그리고 이제 내가 극복해야 할 것은 직장 상사가 아니고 내 안에서 들리는 자기 비난의 목소리다. 나의 잘못과 부족함에 대해서 과도하게 비난할 필요는 없다. 현실적인 잘못만큼만 부끄러워하면 된다. 그리고 내가 할 수 있는 만큼만 하면 된다. 나는 나 이상이 될 수도 없고, 나 이하가 될 필요도 없다.

실패 속에서도 자존감을 찾자

실패는 누구에게나 고통스럽다. 불완전한 자신을 직면하는 것, 실패에서 일어나 자존감을 회복하는 것은 누구에게나 어려운 과제다. 특히 지나치게 완벽주의적인 사람에게 실패는 지독한 수치심과 무가치감을 유발한다. 거울을 보면 그 안에는 못나고 무능한 실패자가 있을 것이다. 완벽주의자의 마음속 거울은 무능한 나를 보여줄 뿐이다. 텅 비어 있는 거울이다. 나의 능력과 자원은 비춰주지 않는 텅 빈 거울은 나의 부족함에 집중하게 한다. 부정적인 나의 모습, 실패한 나의 모습만을 부각한다. 이런 왜곡된 거울로는 자존감을 회복할 수 없다.

실패로 무너진 자존감을 회복하려면 나를 올바로 비춰주는 거울을 찾아야 한다. 합리적이고 공감적이며 안전한 거울이 될 누군가와 만나야 한다. 나의 감정을 그에게 말로 표현하고, 그가 비춰주는 나를 보아야 한다. 나의 장점과 단점을 모두 알면서도 마음 깊이 나의 가치를 인정해주는 누군가가 필요하다. 이런 거울을 만날 때, 완벽하지 않아도 사랑받을 수 있고 인정받을 수 있다는 것을 깨닫게 된다. 이러한 만남이 충분히 내면화되면 마음에 건강한 거울이 생겨난다. '완벽하지 않아도 이만하면 괜찮아'라는 감정을 가질 수 있다. 이때 비로소 내 곁에 위로자가 없어도 마음속에서 이런 목소리를 들을 수 있다.

'괜찮아, 이만하면 됐어. 이만하면 충분해.'

◆ 히틀러, 독일 국민의 초자아

인류 역사 속에서 가혹한 초자아를 잘 보여주는 예가 있다. 바로 아돌프 히틀러다. 공포스러운 가학성과 과대망상을 가진 히틀러는 나치의 수장으로 독일 민족의 합리적 이성을 지배해버렸고, 독일 국민의 가혹한 초자아가 되어버렸다. 여기에는 그럴만한 심리적 배경이 있었다.

당시 독일 국민은 제1차 세계대전에서 패한 후 패배의식에 빠져 있었다. 패전국의 가난과 굴욕을 견디면서 게르만 민족의 영광을 회복시켜줄 영웅을 그리워했다. 이를 간파한 히틀러가 위대한 게르만 민족의 회복을 약속하고 나왔다. 독일 국민은 열광하면서 자신들이 누리던 자유와 자율의 행복을 히틀러에게 바쳤다. 힘 있는 독재자인 히틀러에게 자유를 헌납하는 대신 영광과 평안을 선택한 것이다. 이렇게 해서 괴테의 나라 독일에서 히틀러 같은 괴물이 집권하게 되었다.

이런 유혹은 인간 세상에서 흔히 발견된다. 정신분석가 에리히 프롬은 이런 현상을 '자유로부터의 도피'라고 일컬었다. 자유를 헌납하는 대신 평안을 보장받는다는 의미다. 그러나 이렇게 얻은 평안은 노예의 평안일 뿐이다. 내면세계는 비정하게 억눌리고 착취당하고 만다. 히틀러의 독일이 그랬듯이.

우리 내면세계에도 히틀러와 같은 가혹한 독재자가 자리 잡을 수 있다. 히틀러같이 가혹한 초자아는 이성을 마비시킨다. 과도한 죄책감을 느끼게 하고, 자학하고 스스로를 벌하게 하며, 심한 경우 자살을 시도하게 할 수도 있다.

6장

"다 양보하고 모두 포기해야 돼. 그렇지 않으면 버림받을 거야"

_ 자기희생적 성격

자기희생적 성격의 사람은 성공이나 행복감은 자기 같은 사람에게 과분한 것이라 느낀다. 어이없는 실수로 성공을 날려 보내는 일도 흔하다. 예를 들어, 밤 새워 준비한 과제물을 택시에 두고 내리는 식이다. 남들에게 자신의 이야기를 할 때는 '나는 늘 피해자였고 내 인생은 불행의 연속이었어'라는 줄거리의 이야기를 자주 한다.

왜 사랑받는 연기를 했을까

S 부인은 아름다운 외모에 교양 있는 분이었다. 처녀 때는 인기가 굉장했다고 한다. 남편은 회사에서 만난 사람으로, 수년간의 연애 끝에 결혼했다. 그런데 유순하게만 보였던 남편은 결혼 후 딴사람이 돼버렸다. 거의 매일같이 사소한 일로 트집을 잡아 물건을 집어 던지는 등 난폭한 행동을 했고, 부인을 때리거나 목을 조르기까지 했다. S 부인은 피투성이가 되어 응급실에 실려 간 일도 있었다. 의사에게는 넘어져서 다친 것이라고 거짓말을 했다. 얻어맞고 산다는 사실을 남에게 보이기 싫어서다. 부부들 모임에 갈 때면 행복하고 다정한 부부처럼 행동하면서 사랑받는 아내 연기를 했다.

부인은 남들에게 보이기 위한 인생을 살고 있었다.

'남들은 나를 사랑받는 아내로 알고 있을 거야. 내가 맞고 산다

는 사실을 남들이 알아서는 안 돼, 절대 안 돼.'

자식들 핑계도 댔다. 자식들의 행복을 위해서 자신을 희생시킬 수밖에 없다고 생각했다.

'애들 결혼을 위해서 우리 부부는 다정한 부부로 보여야 해. 폭력이 난무하는 집에 누가 딸을 주겠어. 내가 참아야 해.'

그러던 S 부인은 막내아들을 결혼시키고 나서 우울증에 빠졌다. 잠이 안 오고 의욕이 없어졌다. 식욕도 없고 만사가 귀찮기만 했다. 살아온 인생이 온통 후회스러웠다. 왜 그런 삶을 살았나 탄식하며 밤을 지새웠다. 남편에 대한 증오심이 치밀어 올라 견디기 어려웠다. 하지만 이제 와서 지난 세월을 돌이킬 수도 없었다. 증세가 날로 심해지자 S 부인은 정신분석 치료를 받기 시작했다. 정신분석을 통해서 부인의 무의식이 수면 위로 드러났다.

S 부인은 왜 그렇게 자학적(자기희생적)인 삶을 살아왔을까? 인정중독 때문이었다. 남들에게 인정받으려고 위장하며 살았다. 그런데 마음 깊은 곳에는 또 다른 이유가 숨어 있었다. 불행했던 유년기 경험을 재현한 것이다.

S 부인 어머니의 결혼생활은 몹시 불행했다. 아버지는 알코올 중독이었다. 거의 매일 술에 취해 있었고, 고함치며 어머니를 구타했다. 어린 S 부인은 이불 속에 숨어서 어머니의 비명을 들었다. 무서워 벌벌 떨면서 아버지가 제 풀에 지쳐 잠이 들기만을 기다렸다. 그런데 무서운 밤이 지나고 다음 날 아침이 되면, 어머니

는 마치 아무 일도 없었던 것처럼 아버지의 식사를 차려드리고 시중을 들었다. 이것이 문제였다. 폭력적인 아버지와 폭력에 자학적으로 복종하는 어머니, 이들의 관계는 '가해자와 피해자의 관계(aggressor and victim)'다. 이런 관계 양상이 S 부인의 무의식에 자리 잡은 것이다. 이를 정신분석에서는 내재화라 한다. S 부인은 남편에게 가해자의 역할을 주고 자신은 피해자의 역할을 맡았다. 유년기 아버지와 어머니의 관계를 그대로 재현한 것이다. 이해하기 어렵겠지만, 정신분석을 하다 보면 흔히 볼 수 있는 현상이다. 유순하던 S 부인의 남편이 폭군이 된 것도 이런 메커니즘으로 이해할 수 있다. S 부인의 무의식은 폭력적인 아버지 역할을 해줄 사람을 필요로 했다.

이렇게 불행한 관계를 재현하는 이유는 무엇일까? 여러 가지 이유가 있다. 한 가지 이유는 아버지에 대한 복수 판타지가 가능해진다는 것이다. 즉 재현된 관계에서 남편은 비난받아 마땅한 폭군이 되고, S 부인은 동정해줘야 할 희생자가 된다. 또 다른 이유는, 무섭지만 강한 아버지 곁에 항상 있을 수 있다는 것이다. S 부인은 어머니를 때리는 아버지가 미웠지만, 또 다른 마음에서는 강한 아버지에게 매력을 느끼고 있었다. 아버지에게 사랑받고 인정받고 싶었다. 오이디푸스 콤플렉스다. 같은 사람에게 사랑과 증오를 동시에 느끼는 것을 '양가감정(ambivalence)'이라 하는데, S 부인은 아버지에게 양가감정을 갖고 있었다. 그래서 매를 맞으면서도 남편(마음속의 아버지) 곁을 떠날 수 없었던 것이다.

겉으로는 사랑받는 아내의 모습으로 인정받으려는 욕구 때문인 듯했지만, 무의식 깊은 곳을 들여다보니 다른 이유가 마음을 지배하고 있음이 드러났다. 이처럼 인정중독은 뿌리가 매우 깊다. 많은 인정중독자는 이렇게 결심한다. '이제부터 나도 내가 원하는 삶을 살 거야'라고. 하지만 아무리 굳게 마음먹어도 그렇게 하기 어려운 이유가 여기에 있다.

거절하지 못한다는 비극

S 부인은 인정중독이 잘 오는 세 번째 성격 유형, 자기희생적 성격(masochistic personality)이다. 다른 말로 표현한다면, 참된 자기 욕구를 감추고 사람들이 기대하는 모습에 따라 거짓 자기로 살아가는 유형이라고 할 수 있다. 이들은 대체로 다음과 같은 생각을 가지고 있다.

- 항상 나의 욕구보다 주위 사람들의 욕구가 우선이다.
- 언제나 그들을 기쁘게 할 생각만 한다.
- 다른 사람들의 행복을 위해서라면 무엇이든 하고 싶다.

- 때로는 내가 정말 원하는 것이 무엇인지 모르겠다.
- 사랑받기 위해서는 항상 나 자신을 희생해야 한다.
- 내 욕구를 다른 사람의 욕구보다 우선시하는 것은 이기적이다.
- 이기적인 나를 사람들이 좋아할 리 없다.
- 나는 이기적이어서는 안 되고, 상대방을 기쁘게 하기 위해서 내 감정은 무시해도 좋다.
- 상대방의 요구가 지나치고 비상식적인 줄 알면서도 그가 내게 거는 기대를 저버릴 수 없어서 거절하지 못한다.

자기희생적 성향을 가진 사람들은 어디서든 쉽게 알아볼 수 있다. 우선, 직장인이라면 과도하게 많은 일을 맡는다. 일에 비해 받는 보상이 아주 적은데도 그것을 견디며 산다. '나 같은 사람에겐 이 자리도 과분해. 더 욕심내면 안 돼'라며, 장래성이 없어도 현재의 직장을 그만둘 엄두를 내지 못한다. 심지어 더 나은 자리가 나타나도 착취당하고 있는 현재의 자리를 떠나지 못한다.

개인적인 생활에서도 자기희생적 측면을 보인다. 자신에게 피해를 주는 친구와 가깝게 지내면서 이용당하고 사기당한다. 자신을 착취하고 학대하는 이성에게 빠지기도 한다. 한쪽 뺨을 맞으면, 화가 치미는데도 다른 쪽 뺨을 돌려주어 마저 때리게 한다. 인간관계에서는 늘 억울함을 느끼며 이용당하다 쓰디쓴 상처로 끝이 난다. 마음에는 울분이 쌓여 있다.

자기희생적 성격의 사람은 성공이나 행복감은 자기 같은 사람에게 과분한 것이라 느낀다. 심지어는 성공하면 '나 같은 사람이 성공한 것은 실력 때문이 아니야. 내가 사람들을 속인 거야. 내가 나쁜 사람이지…' 하며 죄책감을 느낀다. 그래서 성공 후에 우울증에 빠지기도 하는데, 이를 '성공 우울증'이라 한다. 어이없는 실수로 성공을 날려 보내는 일도 흔하다. 예를 들어, 밤 새워 준비한 과제물을 택시에 두고 내리는 식이다. 남들에게 자신의 이야기를 할 때는 '나는 늘 피해자였고 내 인생은 불행의 연속이었어'라는 줄거리의 이야기를 자주 한다. 이런 말을 듣는 사람은 안타까운 마음이 들기보다 왠지 그 사람이 자신의 불행한 삶을 '자랑'하고 있는 것처럼 느낀다. 듣다 보면 알 수 없는 짜증이 나기도 한다.

자기희생적 성격을 가진 사람들은 늘 무거운 기분이 깔려 있고 '재미'가 배제된 삶을 산다. 때로는 타인의 호감을 사려고 과도하게 자기희생을 하기도 한다. 예컨대 친구가 아이들을 돌봐달라고 부탁하면 거절을 못 한다. 자기 아이가 아파서 병원에 가야 할 지경인데도 자기 아이를 집에 남겨두고 친구 집으로 달려간다. 어떤 대학생은 친구의 리포트를 써주다가 자기는 제출기한을 넘기기도 했다. 그 학생은 나중에 이런 사정을 친구가 알도록 해 그가 미안함과 죄책감을 느끼게 만들었다. 반면, 이들은 다른 사람의 도움은 그것이 진심 어린 도움일지라도 받아들이지 못한다. '도움 사절', '친절한 호의 사절'이다. 남에게 부담을 주는 것을 끔찍

이 싫어하기 때문이다. "아니에요, 괜찮아요. 제가 혼자 할 수 있어요"라며 언제나 상냥하게 거절한다.

자기희생적 성격의 사람은 지나치게 책임감이 강하고 지나치게 양심적이어서 때때로 성자같이 보이기도 한다. 하지만 비밀스럽게 성적인 학대와 모욕, 수치를 당하는 상상을 하기도 한다.

자기희생적 심리의 세 가지 뿌리

스스로에게 고통을 주는 자학적 성격, 자기희생적 성격은 어디서 오는 것일까? 정신분석에서는 세 가지 중요한 뿌리가 있다고 본다. 첫 번째는 버림받지 않기 위해서 상대방을 기쁘게 하려는 경우다. 두 번째는 무의식에 있는 죄책감 때문에 자신을 처벌하는 경우다. 세 번째는 자기 자신이 누구인지 혼란스러운 사람들인데 고통을 유발해서라도 나를 확인하고 싶은 경우다. 자기희생적 성격의 뿌리에 대해 좀더 자세히 살펴보자.

첫 번째 뿌리, 자기 의심

엄마(부모)가 아이의 필요를 적절하게 만족시켜주지 못할 때, 아이가 보내는 신호를 무시할 때 아이는 몹시 불안해진다. 부모에게 버림받을까봐 불안하고, 부모의 사랑을 잃게 될까봐 불안하다. 엄마에게 버림받고 엄마와 관계가 단절된다는 것은 아이에게 최악의 위험 상황이다. 이런 위험 상황을 반복해서 경험하다 보면 아이는 엄마를 믿을 수 없게 된다. '나와 엄마 사이의 연결은 안심할 것이 못 돼. 내가 짜증을 내거나 잘못하면, 엄마가 나를 버릴지도 몰라!'라는 불안이 마음 깊은 곳에 자리 잡게 된다. 나의 감정에 반응해주지 않는 엄마를 경험할 때, 아이는 이런 의문을 갖게 된다.

'내가 중요하고 사랑스럽다면 엄마는 나에게 집중해주고 내 요구에 반응해줄 텐데…. 엄마에게 나는 중요한 아이일까? 엄마는 내가 사랑스러울까?'

이런 의문이 반복되면 마음속에 다음과 같은 생각이 자리 잡는다.

'나는 부족해.'

'나는 이상한 아이야.'

'나는 부끄러운 아이야.'

'나는 사랑스럽지 않아!'

'나처럼 부족한 애가 혼자서 뭘 해낼 수 있겠어?'

이러한 자기 의심은 마음에 뿌려진 독초의 씨앗이다. 이 씨앗은 점점 자라 버림받음에 대한 공포와 독립에 대한 불안이라는 독초가 된다.

자기 의심은 인간관계에 다양한 영향을 미친다. 예컨대, 타인에게 나를 드러내는 것을 몹시 두려워하게 된다. '나의 진짜 모습을 알게 되면 그 사람은 나를 더는 사랑하지 않게 될 거야'라는 불안을 느낀다. 자신을 드러내지 않기 위해, 특히 자신의 '감정'을 다른 사람에게 보이지 않기 위해 필사적으로 노력한다. 사람들과 친밀한 관계를 갖고 싶지만, 가까워지면 자신의 부끄러운 부분이 드러날까 두려워서 거리를 두고 피한다. 그래서 누구하고도 친해지지 못하고 관계가 늘 피상적으로 겉돈다. 그 결과 친밀한 관계를 맺기가 어렵고 마음은 공허하고 외롭다.

끊임없는 자기 의심과 거절에 대한 예민성은 성인이 된 후에도 다른 사람이 나를 어떻게 생각하는지, 그와의 관계가 안전한지를 계속해서 확인하게 한다. 상대방의 반응이 좋을 때는 안심이 된다. 안심하기 위해서는 끊임없이 인정받아야 하고, 타인을 기쁘게 해야 한다. 자신의 가치를 의심하는 사람은 버림받지 않기 위해서, 생존하기 위해서, 인정받기 위해서 나의 욕구와 감정을 희생하는 쪽을 택한다.

두 번째 뿌리, 죄책감

자기희생적 성격의 두 번째 뿌리는 깊은 죄책감이다. 자기희생적인 사람들은 자기 자신을 용서할 수 없는 죄인이라고 생각한다. 용납할 수 없는 파괴적인 충동, 부적절한 성적 환상, 권위자에 대한 경쟁심과 분노 등이 죄책감을 불러일으킨다. 죄책감을 가진 사람들은 처벌에 대한 불안에 시달린다. 죄인인 나에게는 그에 맞는 고통스러운 형벌이 주어질 것이라고 믿기 때문이다.

죄인에게 즐거움과 행복은 어울리지 않는다. 건강한 친밀감과 당연한 성공마저 죄악시된다. 죄책감에 뿌리를 둔 자기희생적 성격의 인정중독자들은 매일의 삶에서 자기를 괴롭힐 고통을 찾는 것처럼 보이기도 한다. 의식적인 세계에서 이들의 삶은 고통으로 가득 차 있다. 그런데 무의식 수준에서는 숨겨진 만족감을 맛본다. 이 만족감은 도덕적 우월감에서 온다. 희생에서 오는 현실의 고통은 그 사람의 도덕적 우월감을 비밀스럽게 충족시킨다. 고통은 훈장과도 같다. 고통을 견디는 자신을 훈장을 받을 자격이 있는 매우 특별한 사람 또는 위대한 사람으로 느낀다. 논리적으로는 이해하기 힘든 이야기지만, 이런 예가 드물지 않다. 이러한 죄책감과 자학, 그리고 무의식적 만족감 등의 복잡한 정신 역동을 이해하기 위해서는 정신분석적 접근이 필요하다.

세 번째 뿌리, 고통을 통한 존재감 확인

자기희생적 성격의 세 번째 뿌리는 자해를 함으로써 자기 존재감을 확인하는 것이다. 스트레스가 심할 때 자신이 누구인지 혼란스러워하는 사람들이 있다. 이처럼 극심한 불안 경험은 경계선 인격장애 환자들에게 많다. 통증은 이들에게 불안을 제거해주는 매우 특별한 의미를 지닌다. 이들은 스스로를 고통스럽게 만들고, 통증을 느낄 때 희미해졌던 자기 정체성이 확인된다고 말한다.

"내 존재가 사라져버린 것 같아 불안할 때, 통증을 느끼면 그 순간 내가 아직 살아 있다는 것을 확인할 수 있어요."

이들은 몸에 상처를 내거나 피가 나게 하기도 하고, 문란한 성관계를 반복하기도 한다. 이들은 고통과 애착을 형성하고 있다. 대인관계에서도 이들에겐 고통이 필수적인 요소다. 누군가와 관계를 유지하기 위해서는 반드시 고통이 필요하다. 이 때문에 대인관계에 문제가 없을 때나 상대방에게 좋은 감정을 느끼게 될 때, 자기도 모르게 자신이나 상대방에게 고통을 주려는 시도를 한다. 중요한 약속 시간을 까맣게 잊어서 상대방을 몹시 화나게 만드는 경우가 그렇다. 또는 들어주기 힘든 무리한 부탁을 거절하지 않고 들어주다가 스스로 곤경에 빠지고, 이를 빌미로 상대방에게 크게 화를 내서 관계가 틀어지게 하기도 한다.

나를 희생하지 않아도 편안할 수 있다면

늘 조마조마 불안한 은둔 씨

40대 후반의 전문직 남성인 은둔 씨가 정신분석을 시작했다.

그는 공부도 많이 했고 사회적으로도 성공했지만, 대인관계가 어려웠다. 사람을 만나면 늘 긴장이 됐다. 자기의 부족한 점이 드러날까봐 조심하고 또 조심했으며, 사람들이 자기 뒤에서 흉을 볼까봐 늘 불안해했다. '좋은 사람'이라는 평가를 받아야 비로소 안심하는 은둔 씨, 그는 인정중독이었다.

은둔 씨에게는 엄마가 문제의 요인이었다. 어머니는 자기애적인 성격으로 자기가 세상에서 가장 중요한 사람이었다. 모두 자기 앞에 굴복해야 직성이 풀리는 분이었다. 아들한테도 비난의 말을 일상적으로 하고 늘 복종을 강요했다. '일등 해라, 출세해라' 등 요구하는 것도 많았다. 은둔 씨는 그런 어머니의 요구를 만족시킴으로써 인정받으려는 삶을 살아왔다.

정신분석이 3년쯤 진행되었을 때, 어느 날 은둔 씨가 인상적인 이야기를 했다.

"분석을 시작한 지 3년이 되었네요. 생각해보면, 세상에서 여기(분석실)가 가장 편한 곳이에요. 여기에 오면 쉬는 느낌이 들어요."

그 후 어느 날은 장모님 이야기를 했다.

"며칠 전에 장모님이 집에 오셨는데 특이한 경험을 했어요. 장모님과 같이 있는데 전과 달리 전혀 불편하지 않았어요. 그냥 가만히 있어도 편했어요. 내가 장모님을 위해서 아무것도 해드리지 않아도 됐어요. 그냥 편했어요. '가만히 있어도 편하다는 것'이 신기했어요. 장모님을 안 지 10년이 넘었는데 이런 경험은 처음이

에요. 문득 우리 어머니 생각이 났어요. 어머니는 옆에 있는 사람을 가만히 두지를 않아요. 끊임없이 요구하고 나무라고 화를 내시지요. '이번에는 무얼 요구하실까? 무얼 잘못해서 또 꾸중을 들을까?' 어머니가 오시면 아내와 저는 녹초가 돼버려요. 그런데 그날 장모님은 달랐어요. 그냥 있어도 편했어요. 잘 보일 필요도 없었고 대화가 없어도 좋았어요. 침묵이 흘러도 불안하지 않았어요. 그런 장모님이 좋았어요."

은둔 씨는 분석가와 함께 있을 때 편안함을 경험했다. 그래서 '사람과 같이 있어도 편할 수 있는 것이구나' 하는 점을 알게 됐다. 분석가를 기쁘게 해줄 필요도 없고, 분석가에게 인정받을 필요도 없었다. 자기주장을 해도 비난받지 않았으며, 부족한 점을 노출해도 부끄러움을 당하지 않았다. 세상에 태어나서 처음 경험해보는 편안함이었다. 치료적 경험이었다. 이런 경험을 했기 때문에 장모님이 오셨을 때 '특이한 경험'을 할 수 있었던 것이다. 장모님이 편한 분이어서이기도 했겠지만, 그보다는 이런 편안함을 받아들일 마음의 준비가 돼 있었다는 의미다.

매 맞는 성적 환상에 빠지는 동주 씨

30대 남성, 동주 씨. 그는 자주 자위에 심취한다. 자위를 하며 그가 떠올리는 성적인 환상이 있다. 강한 힘을 가진 여성이 동주 씨를 때리고 지배하며 고통을 주는 것이다. 이 환상은 그를 성적으로 매우 흥분하게 했다.

동주 씨는 어머니와 밀착되어 살아왔다. 동주 씨의 어머니는 가정주부였고, 결혼 후 줄곧 만성적인 우울증을 앓아왔다. 외아들인 동주 씨에게 헌신적인 분이긴 했지만, 성격이 예민해서 작은 일에도 쉽게 짜증을 냈다. 어머니는 늘 자신감이 없고 자기 목소리를 내지 못하는 분이었다. 어떤 결정도 혼자 내리지 못해서 거의 모든 결정을 동주 씨에게 의지했다. 이처럼 밀착된 관계 속에서 동주 씨는 자신감 없는 어머니와 자신을 동일시했다.

반대로, 동주 씨의 아버지는 매우 완고하고 강압적인 분이었다. 자수성가하여 큰 기업을 일군 분이다. 그래서인지 자신의 생각이 비합리적이어도 그것을 인정하지 않았고, 오히려 주위 사람들과 어린 동주 씨를 비난하고 몰아붙였다. 아버지에게 억울하게 맞은 일도 많았는데, 아버지는 아들에게 단 한 번도 사과하지 않았다. 동주 씨의 마음속에는 아버지에 대한 분노가 이글거리고 있었다. 아버지를 미워하고 두려워했기 때문에 아버지처럼 권위적인 남성이 되는 것도 거부했다.

예민하고 약한 어머니와 완고한 아버지, 둘 다 믿을 만한 권위자가 되어주지 못했다. 이 때문에 동주 씨는 합리적이고 유연한 초자아를 내면화할 수 없었다. 동일시할 만한 강한 권위자가 없었기 때문에 동주 씨는 자신을 강하게 통제할 힘 있는 남성상을 애타게 찾았다. 이런 심리를 '아버지 갈망(father hunger)'이라고 한다.

동주 씨는 이성과 성적인 관계를 갖기도 어려웠다. 자신이 남자답게 보이지 않을까봐 늘 불안했기 때문이다. 남자로서 자신감이 크게 흔들릴 때마다 힘이 세고 지배적인 누군가가 자신을 때리는 성적 환상에 몰두했다. 논리적으로 설명할 수 없지만, 자학적이고 고통스러운 성적 환상에 몰두할 때 동주 씨는 알 수 없는 위안을 느꼈다.

동주 씨는 왜 자학적인 성적 환상을 갖게 됐을까? 그의 마음에 어머니를 향한 성적 욕구가 있었기 때문이다. 하지만 어머니를 향한 성적인 감정은 용납할 수 없는 것이었다. 동주 씨는 자신이 이런 욕망을 갖는 것에 대해 깊은 죄책감과 수치심을 느꼈다. 그래서 그런 욕망이 들 때마다 자신을 벌주어야 했다. 죄책감을 덜기 위해서 매를 맞아야 했고, 매를 때려줄 강력한 권위자가 필요했다. 성적 환상 속에서 그는 힘 있는 권위자를 만난다. 그 권위자는 동주 씨를 벌주고 동주 씨는 맞으면서 속죄의 쾌감을 느낀다. 환상 속의 권위자는 동주 씨가 늘 원했던 힘을 가진 아버지를 상징했고, 그의 아버지에 대한 갈망을 채워주었다. 이 결핍이 채워질 때 동주 씨는 자신도 그처럼 강한 힘을 가진 것처럼 느낄 수 있었다.

그런데 흥미롭게도 성적 환상 속에서 매를 때리는 그 권위자는 남성이 아니라 여성이다. 왜일까? 남성으로부터 공격당하는 것에 대한 극심한 공포감 때문이었다. 정신분석이 진행되면서 동주 씨의 자위 환상 아래에 있는 심층 환상이 드러났다. 동주 씨가 아버지에게 강제로 성적 공격을 당하는 환상이었다.

동주 씨에게는 남성인 아버지와 하나가 되고 싶다는 무의식적 소망이 있었다. 아버지와 하나가 되어서 아버지가 가진 남성성을 자신도 갖고 싶었던 것이다. 하지만 아버지에게 다가가면 잔인한 아버지가 힘으로 자신을 공격할 것이라는 두려움 때문에 접근할 수 없었다. 그는 마음 깊은 곳에 있는 이 두려움을 의식하고 싶지 않았다. 그래서 그의 마음은 남성에게 성적인 침범을 당하는 것 대신 여성에게 지배당하는 환상을 반복했다. 그편이 의식하기에 더 편했던 것이다.

동주 씨는 자신이 가지고 있던 두려움과 염려가 무엇이었는지 잘 이해했다. 분석이 진행되면서 동주 씨의 자학적인 자위 환상도 점차 줄어들었다. 죄책감이나 수치심 없이 여성과의 성적 관계도 가질 수 있게 되었다. 여성과 정서적 친밀감도 나눌 수 있었으며, 남성들과의 관계도 이전보다 편해졌다. 경쟁이 필요할 때는 경쟁도 하고, 의지할 필요가 있을 때는 부끄러워하지 않고 의지할 수도 있었다.

동주 씨의 정신분석 과정을 보면서 인간의 마음이 참으로 흥미롭고 오묘하다는 것을 다시 한 번 깨닫게 된다. 마음은 단순하지 않다. 논리적이지도 않다. 마음은 비논리적이며 감정에 따라 복잡하게 움직인다. 특히 동주 씨의 사례는 더 큰 감정적 고통을 피하기 위해서 그보다 작은 고통을 선택하는 자학적 성격의 일면을 잘 보여준다.

우울증이라는 도피처에 빠진 순영 씨

"착하기도 하지, 우리 딸. 어른 공경할 줄 알고 말도 참 잘 듣고."

순영 씨의 부모님은 착하고 순한 딸을 항상 칭찬했다. 부모님은 곁에서 말없이 시중을 드는 순영 씨의 모습을 가장 좋아했다. 부모님은 순영 씨가 자신의 감정과 욕구를 잘 참는 것을 늘 칭찬했다. 반면, 다른 사람들의 욕구나 감정에는 순영 씨가 민감하게 반응하기를 원했다. 예컨대 "순영아, 할머니께서 아까부터 목말라 하시는 것 같더라. 할머니가 물을 찾으시기 전에 미리 갖다드렸어야지!" 하는 식으로, 누가 요구하기 전에 알아서 해결해주라는 것이었다. 부모님의 이런 태도는 순영 씨를 순종적으로 만들었고, 순영 씨는 자신의 의견을 주장하지 못하는 성격이 되어갔다.

순영 씨는 예술적인 분야에 소질을 타고났지만 부모님은 이에 대해서는 무관심했다. 그래서 상상력이나 창의적인 생각은 순영 씨 자신만의 비밀이 되었고, 누구에게도 표현하지 못했다. 화가 나는 감정이나 공격적인 표현도 마찬가지였다. 순영 씨에게 '화'는 누구에게도 터트려서는 안 되는 위험하고 비밀스러운 감정이었다. 어른이 된 지금도 그녀는 '화'라는 감정을 잘 느끼지 못한다.

그러던 중 순영 씨의 어머니가 암에 걸렸다. 그녀는 혼자서 어머니의 병간호를 했다. 자기 생활이라곤 없이 오로지 그 일에 헌신했다. 그러나 정성도 헛되게 어머니는 세상을 떠나고 말았다. 어머니의 죽음은 너무나 큰 충격이었다. 평생을 어머니가 원하는 모습대로, 어머니를 의지하며 살아온 순영 씨는 순식간에 삶이 무너져 내리는 것 같았다. 순영 씨는 어머니 외에는 누구하고도 어울려본 경험이 없었다. 주변에 아무도 없었다. 누구도 자신을 이해하고 돌봐줄 것 같지 않았다.

"이제 어떻게 살아가야 할지 모르겠어요. 내 삶은 엄마를 돌보는 것이 전부였어요. 나는 이제까지 내가 뭘 원하는지, 무엇이 되고 싶은지 한 번도 생각해본 적이 없어요."

순영 씨는 절망적이었다. 엄마가 돌아가신 후 순영 씨는 심한 우울증에 빠졌다. 자살 충동도 극심했다.

정신분석적 정신 치료가 시작됐고, 몇 개월이 지났다. 순영 씨의 우울증은 많이 호전되었다. 그런데 어느 날부터 우울증세가 다시 악화되었다. 상담 치료 중에 순영 씨는 뜻밖의 말을 했다. 우울증이 낫는 게 두렵다는 것이었다.

"우울증이 나의 유일한 도피처였던 것 같아요. 이걸 핑계로 쉴 수 있었거든요. 우울증이 나아지면 쉴 수 없을 것 같아요. 내가 건강해지면 사람들은 또 자기들을 돌봐달라고 할 거예요. 나는 아마도 그들의 기대를 뿌리치지 못하겠지요. 너무 힘들어요."

순영 씨는 자기희생적 성격이다. 어려서부터 부모의 비난이나 처벌로부터 자신을 보호하기 위해서 착하고 희생적인 딸이라는 가면(거짓 자기)을 쓰고 살아왔다. 남들이 원하는 모습이 되기 위해 노력했고, 자신의 욕구와 감정은 숨기며 친절하고 상냥한 사람으로 살아왔다. 그러는 동안 가면 밑에 숨겨두었던 진짜 자신(참 자기)을 잃어버리고 만 것이다.

'남을 돌보지 않는 너는 이기적이고 못된 인간이야!'

내면에 자리한 이 비난의 목소리를 피해서 그녀가 유일하게 쉴 수 있고 돌봄을 받을 수 있는 상황은 우울증이었다. 우울증이라는 고통 속에 머물러 있을 때만 쉴 수 있었다. 꾸준히 나아지던 순영 씨의 우울증이 다시 악화된 것은 이 때문이었다.

가족이라는 이름의 가학적 착취자들

가족들에게 희생양이 된 사람은 자기희생적 성격이 되거나 '거짓 자기'의 삶을 살게 된다. 희생양 만들기는 따돌림의 한 형태다. 가족 내에 어떤 문제가 생기면 가족 중 한 사람에게 모든 비난이 쏟아진다.

"너 때문에 우리가 창피를 당하는 거야. 너만 없어지면 우리 집안은 아무 문제가 없어."

모든 문제의 책임을 희생양 한 사람에게 돌리고 그를 비난함으로써 나머지 가족 구성원은 자존감을 유지한다. 다른 말로 하면, 희생양을 나쁜 사람으로 만듦으로써 가족이 가진 실제 문제를 덮고 체면을 지키는 것이다.

희생양을 만드는 가족은 권위와 체면을 무척 중요하게 여긴다. 겉으로는 평온하고 완벽해 보일 수도 있지만 '두려움'이라는 기초 위에 세워진 가정이다. 자세히 들여다보면 이런 가족 내에는 학대와 방치, 중독, 불안장애와 정신질환이 많이 발견된다. 희생양을 만드는 부모는 자신을 성찰하는 능력이 부족하고, 상대방의 감정에 깊이 있게 공감하지 못하는 자기애적 성격을 가지고 있다. 자신들의 잘못과 문제를 책임지기보다 희생양을 만들고 '우리 집안은 저 애 하나가 문제일 뿐, 정상적인 가정'이라고 믿고 싶어 한다. 자기애적 가족 구성원들은 자신들이 가진 문제는 보지 않으려 한다. 반면 자기들의 문제를 정확하게 간파하고, 건강한 방향으로 바꿔주려는 사람을 '위협'으로 느낀다. 그리고 그를 희생양으로 만들어 따돌리고 강력하게 제압해버린다.

소위 자기애적 성격 장애를 갖고 있는 사람들과 함께 살아가는 것은 매우 고통스럽다. 뿌리 깊은 자존감의 취약성을 감추기 위해 그들은 다양한 방식으로 상대를 이용한다. 우선, 그들은 사과하지 않는다. 사과를 한다는 건 자신의 문제를 인정하는 것이기 때문이다. 그리고 모든 통제권을 자신이 갖길 원한다. 남들을 조종하는 데 능숙하며, 이를 위한 무기도 잘 다룬다. 자신이 가진 정보를 통제하고, 상대를 비난하거나 위협한다. 그들의 경계는 끊임없이 확장해서 어느새 다른 사람의 삶마저 자신들 삶의 일부로 만들어버린다. 그들은 공감을 하지 못하고, 유연한 사고를 하지 못해 매우 경직되어 있다. 희생양과 그 가족의 모습을 좀더 살펴보자.

"너 때문에 화가 나서 내가 또 술을 마시게 되잖아!"

가족의 모든 문제, 갈등, 심지어 나와 관계없는 것에 대해서도 나에게 책임을 묻는다. "너 때문에 화가 나서 내가 또 술을 마시게 되잖아"라는 식으로, 자신이 잘못된 행동을 하고서도 그것이 다 나 때문이라며 비난한다. 내가 책임질 일이 아닌데도 비난을 받고, 결국 나만 나쁜 사람이 되어버린다. 수치스럽고 억울하고 화가 난다.

"엄마, 이건 내 잘못이 아니잖아요. 엄마가 잘못한 거잖아요."

만일 내가 진실을 밝히고, 무엇이 문제인지를 폭로하면 가족들은 나를 향해 무자비한 비난과 공격을 가한다. "네가 뭘 안다고 그래! 네 생각이 잘못된 거야!"라며 나의 판단을 부정하고, 내가 스스로를 의심하게 한다. 가족과 함께 있을 때 나는 언제나 아웃사이더 같다. 누구도 내 편에 서주지 않는다.

"내가 아빠에게 심하게 맞고 울고 있을 때, 엄마는 내 울음소리를 못 들은 체했어요."

내가 언어적 폭력을 당하고, 정서적 · 신체적으로 폭력을 당해도 다른 가족들은 나의 고통을 외면한다. 마치 내가 정말 나쁜 아이라서 그런 고통을 당할 만하다고 인정하는 것 같다. 점점 나 자신조차 스스로를 집안의 문제아, 말썽꾼이라고 생각하게 된다.

"언니는 늘 내게 말해요. '넌 너무 폭력적이야. 넌 너만 생각해!'라고요."

나를 비난하는 가족에게 내가 억울하다고 화를 내면 더 날카로운 비난이 되돌아온다. 그들의 비판을 받아들이지 않으면 나를 '속이 좁고 이기적인 인간'이라고 몰아붙인다. 어쩌면 내가 가족 중에 정신적으로 가장 건강한 구성원이지만 '병들었다, 나쁘다'라고 규정되어버린다.

"이상하게도 나는 가족들이 내게 말한 그대로 살고 있어요. 어딜 가나 싸우고, 문제를 일으키죠."

불행하게도 희생양으로 성장한 사람은 스스로를 보호하고 발전시키지 못한다. 자존감의 상처가 깊어서 모든 관계를 옳고 그름의 관점에서 보려 한다. 이미 상처받아 피를 흘리고 있는 나에게 누군가가 부당하게 대한다고 느끼면, 극심한 분노가 일어나 상대방을 공격하게 된다. 그러면 그들은 나에게 상처받고 화를 내며 나를 멀리한다. 나는 다시 외로운 말썽꾼이 되어버린다.

희생양으로 살아온 사람은 자신을 무시하고 학대하는 사람들과 관계를 맺는다. 때로는 그런 사람들만 골라 사귀는 것 같다. 왜 그럴까? 그들이 가장 익숙한 사람들이기 때문이다. 그들이 자신을 무시하고 비난할 때면 그 판단을 당연한 사실처럼 받아들이게 된다.

'내가 그렇지, 뭐. 역시 난 안 돼.'

그 결과 내가 가진 잠재력을 꺼내보지도 않고, 스스로 묻어버린다.

그렇다면 가족 중에서 누가 희생양이 될까? 가족 내의 문제를 예민하게 잘 느끼는 사람이 희생양이 된다. 불합리하고 불편한 분위기를 예민하게 느끼고 그것을 폭로하는 사람, 즉 내부 고발자가 희생양이 된다. 다른 구성원들은 가족 내의 불편한 분위기를 조용히 참고 '만족스럽다'며 받아들이지만, 희생양이 되는 사람은 '불편해!'라고 소리친다. 이것은 다른 구성원들에게 수치심을 주는 강력한 위협이 된다. 그래서 희생양으로 찍히는 것이다.

희생양의 삶에서 벗어나려면

가정에서 희생양으로 자라온 사람은 안타깝게도 대부분 자존감이 불안정하며, 자신의 가치를 쉽게 의심한다. 희생양의 낮은 자존감, 무가치감은 '진짜 나는 누구인가'라는 정체성의 혼란에서 온다. 안정된 자존감은 나를 명확하게 인식할 때 성취되는데, 희생양은 오랫동안 자기가 부족한 사람이라는 평가를 강요받으며 성장했기 때문이다. 그래서 내가 느끼는 나의 이미지가 진짜인지 아닌지 확신하지 못해 정체성의 혼란을 겪는다.

희생양은 늘 자신이 안전하지 않다고 느낀다. 심지어 아주 친밀한 관계에서도 안전하다고 느끼지 못한다. 가장 안전하다고 느껴야 할 가족들에게 배신당해왔기 때문에 누구도 신뢰하지 못하는 것이다. '누구도 내 말을 이해해주지 않을 거야'라는 불신 때문에 적절한 자기주장도 하지 못한다. 상대에게 지나치게 순응적이거나, 반대로 매우 공격적이다. 특히 자존감에 상처를 입으면 매우 예민하게 반응한다. 친구나 동료들이 자신을 무시하는 것 같으면 수치심과 분노가 폭발한다. 이러한 강렬한 감정은 조절하기도 어렵다. 화를 말로 표현하지 못하고 상대방을 무시하거나 격렬하게 공격하기 십상이다. 이러한 태도는 상대방에게 아픈 상처를 주게 되고, 결국 희생양은 그들로부터도 소외당하고 무시당한다. 가족들에게 따돌림당했던 그는 가정 밖에서도 따돌림당하는 희생양이 된다.

희생양의 삶에서 벗어나려면, 가장 먼저 '나 자신이 희생양이었구나' 하고 인정해야 한다. 그리고 나에 대한 정의를 다시 내려야 한다. '나는 이상하고, 결함이 있고, 못났고, 나쁜 아이'라는 정의는 사실이 아니다. 다른 가족 구성원들이 자신들의 문제를 드러내고 싶지 않아서 만들어낸 정의일 뿐이다. 자신들의 문제를 바꾸고 싶지 않아서 나를 희생양으로 삼았다는 것을 확실히 이해할 필요가 있다.

자신이 부당한 대우를 받았다는 사실을 인식하는 것은 몹시 두렵고 고통스러운 일이다. 하지만 꼭 건너야 하는 강이다. 가족 간 역동을 알고 참 자기를 찾을 때 희생양으로서의 악순환 고리를 끊을 수 있기 때문이다. 이렇게 참 자기를 찾아가는 작업은 오랜 시간을 요하기도 한다. 혼자서 한계를 느낄 때는 좋은 치료자의 도움이 필요할 때도 있다.

너무나 억울해서 화가 치밀어 오를 수도 있다. 복수하고 싶고, 부모나 형제들을 공격하고 싶다는 충동이 일어날 수도 있다. 하지만 화를 분출하는 것으로 상처를 치유할 수 없다. 분노를 터뜨리는 것을 통해 긍정적인 인격의 성장도 기대할 수 없다. 자기애적 가족들에게 사과를 받고 싶고, 그들을 고쳐주고 싶기도 할 것이다. 하지만 그들은 변화를 원치 않을 것이고, 오히려 나를 공격하려 들 수도 있다. 내 삶을 위해서는 그들을 바꾸는 것이 아니라 내가 변하는 것이 더 바람직하다. '더는 나에게 똑같은 학대를 저지르도록 허용하지 않겠다'라고 스스로 결심하고 정당하게 자신을 주장할 때 치유적 변화가 시작된다. 적절하고 정당한 주장은 상대의 자존감을 무너뜨리면서 하는 것이 아니다. 상대의 감정과 영역을 존중하면서 하는 것이다.

가학적이고 착취적인 배우자, 부모, 직장 상사와의 관계에서 생존하려면 어떻게 해야 할까? 어쩌면 자기희생적 관계를 떠나는 것이 최선의 답일 것이다. 하지만 이것은 쉽지 않다. 만일 그들과의 관계 안에 남아 있기로 결정했다면, 노예의 삶을 버리고 그들의 침범을 거부하기로 굳게 마음먹어야 한다. 그들과 나 사이에 분명한 경계와 거리를 만드는 것이 필요하다. 내가 그들에게 순응하는 한 그들은 자신들의 전략을 결코 바꾸지 않는다. 내가 그들에게 저항할 때, 그들은 위협하고 회유하다가 결국에는 나보다 통제하기 쉬운 대상을 찾아 떠나간다.

한 가지 확인할 것이 있다. 혹시 나도 모르게 스스로 피해자의 위치에 서는 일은 없는가? 이 점은 꼭 확인할 필요가 있다. 예를 들어 학대하는 직장 상사나 이기적인 배우자의 인정을 받기 위해서 자기주장을 포기하고, 그들이 나를 착취하도록 허용하고 있지는 않은가? 나도 모르게 그들에게 '나를 짓밟아도 괜찮아요'라는 신호를 주고 있지는 않은가? 말도 안 된다고 생각하겠지만, 인정중독자들은 이런 모순된 행동을 하는 경우가 많다. 이런 행동을 중지해야 한다. 그리고 자기주장을 시도해야 한다.

"이제는 내 사생활을 침범하지 마세요!"

"아빠, 그렇게 나를 모욕하지 마세요. 이제 더는 그런 말을 듣고 있지 않겠어요."

"만일 엄마가 나와 계속 관계를 유지하고 싶다면, 그렇게 나를 비난하고 소리 지르지 말아주세요!"

내 감정과 의견을 존중해달라는 말은 나만 할 수 있다. 아무도 대신 해줄 수 없다. 이것이 가능해지려면 먼저 자기 내면의 소리를 들을 수 있어야 한다.

때때로 나를 희생양으로 만드는 인물을 떠나야 할 때도 있다. 그 인물은 부모일 수도 있고 부부, 연인, 직장 상사일 수도 있다. 아무리 노력해도 계속해서 나를 학대하는 사람이라면 그와의 접촉을 중단하는 것이 나의 삶을 보호하는 유일한 방법이다. 이것은 사실 어렵고 슬픈 일이다. 하지만 학대당하면서 고통을 계속 당하는 것보다 헤어짐의 슬픔이 훨씬 나은 불행이다. 해로운 관계를 떠나 내게 친절하고, 이해심이 깊고, 나를 있는 그대로 수용해줄 수 있는 인물을 찾아보는 것이 치료를 향한 길이다. 지금까지 경험하지 못한 새로운 관계의 경험을 찾아 나서보자. 자신의 진짜 모습, 진짜 목소리를 찾게 될 것이다.

자기희생을 멈추고
나를 사랑하는 다섯 가지 원칙

자기희생적 성격의 인정중독자나 거짓 자기로 살면서 남을 위해 희생하는 사람은 어떻게 해야 이 굴레에서 벗어날 수 있을지 알기 어렵다. 왜냐하면 한 번도 나의 입장에서 나의 진짜 욕구에 따라 살아보지 못했기 때문이다. 내가 하는 행위가 지나친 자기희생인지, 아니면 당연히 해야 하는 의무인지 구분할 수가 없다. 지금까지 그들의 삶은 다른 사람이 요구하거나 심지어 말로 하지 않아도 그가 원할 것 같은 것들을 미리 챙겨주고 돌봐주는 것이었다. 매우 친절한 행동이지만, 사실은 자발적인 친절이 아니다. 비난받지 않고, 버림받지 않고, 소외당하지 않기 위해서 상대방의 마음을 읽어 그를 감동시키려는 것이었다. 자발적인 친절이 아니기 때문에 마음에는 억울함과 분노가 쌓인다. 내 희생에 대해 상대방이 인정해주지 않으면 참아왔던 울분이 터져 나오기도 한다. 그러나 실제로는 울분은커녕 또다시 인정받기 위해 그의 눈치를 본다. 어떻게 해야 이런 억울한 삶의 악순환을 멈출 수 있을까?

다른 사람의 인정을 받는다는 것은 내 안의 귀한 가치들을 재발견하는 특별하고 즐거운 경험이다. 자랑스럽고 기쁜 경험일 것이다. 그런데 인정받는 것이 자신의 기쁨과 만족을 위한 자발적인 마음에서 출발한 것이 아니라 사랑을 잃게 될까 두려운 마음에서 출발한다면, 이것은 괴로움이다. 인정받으려 하는 것 자체가 자기희생의 굴레가 되어버리기 때문이다. 그러니 가장 먼저 이를 구분할 필요가 있다. 지금 내가 누군가에게 만족을 주려 한다면 그것이 나의 기쁨에 근거한 것인지, 아니면 버림받음에 대한 공포에 근거한 것인지를 구분해야 한다. 공포에 근거한 자기희생이라면 그 행동을 멈추자. 나를 사랑하고 인정중독에서 벗어나기 위해 다음과 같은 노력을 해보자.

내가 중독적인 관계에 빠져 있다는 사실을 인정한다

지금까지 나의 가치를 누군가의 인정에 의존해서 찾아왔다는 것을 이해하고, 인정해야 한다. 누구나 자존감이 흔들릴 때는 다른 사람의 인정과 확인을 원한다. 그것은 이상할 것이 없다. 하지만 나의 가치 판단을 전적으로 타인에게만 의지할 때 문제가 생긴다. 인정중독에 빠지기 때문이다. '내가 나의 가치를 남의 평가에서 찾아왔구나! 그래서 인정에 중독되었구나!'라는 것을 인정하는 것이 중요하다. 부모와의 관계만이 아니라 부부 · 친구 · 직장 동료와의 관계 등에서 나를 괴롭히는 인정중독의 문제를 인정하는 것, 이것이 자기희생적 관계에서 벗어나는 첫걸음이다.

빈 공간을 안전하고 편안한 관계로 채워간다

내가 희생해야만 나를 인정해주고 사랑해주는 사람들, 그들과의 관계가 얼마나 파괴적인지를 알아야 그 관계를 중단할 수 있다. 중독적인 관계는 생각보다 강력해서 변화시키기가 쉽지 않다. 혼자서는 해결할 수 없는 경우가 많기에 누군가의 도움이 필요하다.

관계를 중단함으로써 생긴 빈 공간을 안전하고 건강한 관계로 대체해가야 한다. 안전하고 건강한 관계란 나의 장점과 단점을 모두 인정하고, 나를 조종하지 않으며, 나의 경계를 존중해주는 사람들과의 관계를 말한다. 내가 외로움과 불안감에 처할 때 나의 안식처가 되어주는 관계다. 안전한 관계는 치료자가 제공해줄 수도 있고 부부나 친구, 신앙적 동료가 제공해줄 수도 있다.

위험 상황을 미리 감지한다

어떤 상황에서 내가 병적인 인정중독 관계에 빠져드는지 알고 있는 것이 좋다. 술이나 약물과 마찬가지로, 인정중독도 나를 강력하게 유혹하여 내가 그 관계에 빠져들게 하는 특정 상황이 있다. 예를 들어 다음과 같은 상황이 될 때가 위험한 순간들이다.

- 누군가의 비난을 듣고 자존감의 큰 상처를 받았을 때
- 이별을 하고 극도로 외로울 때
- 몸에 병이 생기거나 큰 경제적인 손실을 보았을 때
- 새로운 환경이나 새로운 사람들을 만나 적응해야 할 때
- 우울하고 기분이 가라앉을 때

이런 상황에서 인정중독자는 자신의 가치를 의심하게 되며, 동시에 자신의 가치를 확인해줄 대상을 간절히 찾게 된다. 이런 위험 상황을 인지했다면 바로 행동으로 옮기지 말고 잠시 생각할 시간을 갖는 것이 좋다. 그래야 성급한 헌신과 충동적인 희생을 피할 수 있다. 그리고 안전한 대상을 만나 어떤 결정을 내리는 것이 좋을지 상의하는 것을 권한다.

자기희생으로 이끄는 감정적 압력을 조심한다

특히 다음과 같은 세 가지 압력을 이겨내야 한다.

첫째, '모든 사람을 기쁘게 해야 한다. 누구도 실망시켜서는 안 된다'라는 생각. 누구도 주위 사람 모두를 만족시킬 수는 없다. 우리는 완벽한 존재가 아니기 때문이다. 언젠가, 누군가는 나에게 실망할 수도 있으며 그것이 오히려 자연스러운 것이다.

둘째, '내가 노력하기만 하면 다른 사람의 생각과 감정도 바꿀 수 있다'라는 생각. 이는 곧 내가 다른 사람의 생각을 통제할 수 있다고 믿는 것이다. 하지만 절대 가능하지 않다. 내가 누군가를 행복하게 만들 수는 없다. 그는 오직 자신이 행복하기를 원할 때만 행복감을 느낄 것이다. 내가 통제할 수 있는 사람은 오직 나 자신뿐이다.

셋째, '나에게 관심을 기울이고 나 자신을 돌보는 것은 이기적인 것이다'라는 생각. 나 자신을 건강하게 돌보는 일은 꼭 필요한 노력이다. 그리고 내가 건강해야 내 주위 사람들에게도 좋다. 자신의 마음을 성찰하고 감정을 보호하는 노력은 건강한 것이다. 심리치료 역시 자존감 문제를 해결하고 나를 돌보려는 합리적인 노력이다. 두려워하거나 주저하지 말자.

나를 깊이 사랑한다

가장 소중한 친구를 대하듯 나를 존중하고 사랑해주자. 조건 없이 나를 사랑해보자. 이것은 나의 책임이다. 더불어 나를 사랑하는 방법을 배워가자. 용기를 내어 사람들에게 내 의견을 발표하고, 내키지 않는 요구에는 "No"라고 말하는 방법을 배우자. 더 나아가 내 삶의 울타리를 만들자. 나 자신을 돌보는 개인적인 시간을 확보하고, 나의 사생활을 보호하자. 남이 나에게 기대하는 모습으로 살기보다, 내가 만족하고 즐거울 수 있는 일에 우선순위를 두자. 그리고 내가 만든 나의 울타리를 지키기 위해 계속해서 노력하자. 울타리를 만드는 것도 어렵지만, 그 울타리를 지키는 것은 더 중요하고 힘든 일이다.

◆ 스스로 실패를 선택하고 자존감을 찾는 경수 씨

고통을 경험함으로써 스스로가 매우 특별한 존재라고 느끼는 사람들이 있다. 그들의 무의식에서 고통은 자신의 위대함을 확인하는 훈장과 같은 것이다. 이처럼 고통을 통해 자존감을 유지하는 사람들을 정신분석에서는 '자기애적 피학적 성격(narcissistic masochistic character)'이라고 부른다.

예컨대, 출근을 하던 경수 씨는 아내가 자신을 포옹해주기를 바라고 팔을 벌렸다. 하지만 경수 씨의 유아적인 모습을 늘 겪어온 아내는 장난스럽게 "그냥 가!"라며 경수 씨를 밀쳐냈다. 순간 경수 씨는 기분이 상했다. 무시당하는 것 같았다. 하지만 곧 이 일을 잊고 서둘러 집을 나섰다. 예민한 경수 씨의 아내는 이를 눈치챘다.

차를 타고 가는 길에 아내로부터 전화가 걸려왔다.

"미안해, 자기야. 아까는 내가 좀 생각이 짧았어."

경수 씨는 "에이, 뭘 그런 걸 가지고. 알았어. 괜찮아. 사랑해"라며 전화를 끊는다. 하지만, 이때부터 경수 씨의 마음에 울분이 올라오기 시작했다. 일하러 나가는 남편의 사기를 올려주지는 못할망정 오히려 자존심을 꺾어버린 무감각하고 냉정한 아내라는 생각이 들어 점점 화가 치밀어 올랐다. 이 불쾌한 분노는 하루 종일 지속되었다. 하루 일과를 마치고 집에 돌아왔을 때, 경수 씨의 부인은 반갑게 그를 맞았다.

"여보, 오늘 하루 어땠어? 힘들었지?"

하지만 경수 씨는 오히려 화를 내며 아내에게 쏘아붙였다.

"아침에 당신이 한 행동 때문에 내 하루가 얼마나 엉망이 되어버렸는지 알아? 미안하다는 말만 하면 다야?"

아내는 다시 한 번 사과했지만, 경수 씨의 비난과 공격은 계속되었다.

"알았어. 이제 그만하자."

결국 냉담해진 경수 씨의 아내는 다른 방으로 들어가버렸다. 경수 씨는 처음에 아내가 포옹을 거부한 행동에 기분이 상했지만, 그렇다고 심하게 화가 나지는 않았다. 경수 씨의 아내가 전화를 걸어와 "미안해"라고 말을 하자 그때부터 아내의 무신경함에 상처받은 자기 자신이 느껴지기 시작했고, 스스로가 너무나 불쌍하고 억울하다는 감정이 들었던 것이다. 심지어 아내가 다시 한 번 사과를 했을 때에도 여전히 아내를 용서하지 못했다. 경수 씨는 아내를 공격해 결국 거절당하고 모욕감을 느끼며 자신이 상처를 받도록 행동했다. 왜 이런 감정의 흐름이 이어졌을까?

경수 씨의 무의식에는 아내를 계속 자극하고 화나게 만들어 결국에 그녀가 경수 씨를 경멸하고 무시하도록 만들고자 하는 욕구, 아내의 감정을 통제하고자 하는 욕구가 있었기 때문이다. 의식적인 경험에서 경수 씨 자신은 상처받고 무력한 피해자, 아내는 냉정하고 가학적인 가해자가 되는 구도였다. 하지만 경수 씨의 무의식에서는 '내가 아내를 통제할 수 있다'는 전능감과 숨겨진 과대성이 충족되고 있었다. 즉, 스스로 희생자가 됨으로써 자존감을 높이려는 시도를 한 것이었다.

◆ S 부인의 해피엔딩

오늘의 나를 이해하기 위해서는 유년기의 나를 돌아봐야 한다. 내가 인정중독에 이르게 된 원인의 심층에 유년기 경험이 숨어 있기 때문이다.

앞에서 소개한 S 부인은 정신분석을 통해서 변화했다. 문제는 남편이 아니었다. 자기 자신이었다. 그녀는 자신의 문제를 이해하고 난 뒤, 희생자 역할을 중단하기 위해 노력했다. 남편의 폭력이 두려웠지만 용기를 내어 자신의 목소리를 포기하지 않고 표현하기 시작했다. 걱정했던 것과 달리 남편은 부인의 말에 귀를 기울여주었다. 가해자 역할에서 벗어난 남편은 한결 부드러운 태도를 보였다. 결혼 전 유순했던 남편의 모습이 보이기 시작했다. 이제는 남편과 같이 있어도 불안하지 않았다. 남편 대하기가 편해졌고, 부부 싸움도 줄었다. 남편에게 생일 선물도 받았다. 그녀는 무척 감격했다.

'내게도 이런 날이 오다니!'

이 무렵 S 부인은 꿈을 꿨다. 무섭게 큰 쥐에게 쫓기는 꿈이었다. 쥐에게 쫓기는 꿈은 사실 자주 꾸었다. 그런데 이번에는 달랐다. 쥐에게 쫓기다가 갑자기 장면이 바뀌었다. S 부인은 햇볕 따스한

풀밭에 누워 있었다. 곁에서는 양 떼가 풀을 뜯고 있었다. 하얀 양털을 쓰다듬어보니 매우 부드러웠다. 전날 산 캐시미어 스카프 생각이 났다. 기분이 정말 좋았다.

꿈속의 쥐는 아버지를 상징했다. 어릴 때 아버지가 쥐덫을 놓아 쥐를 잡아 죽였던 기억이 떠올랐다. 그리고 양은 양띠인 그녀 자신을 상징했다. 이 꿈은 S 부인의 내면세계가 부드러운 햇살을 즐기며 자유롭게 풀을 뜯는 양처럼 편해졌음을 말해준다. 이제 그녀는 남들의 시선에 쫓기지 않아도 된다. 자기희생적인 삶에서 벗어난 것이다.

7장

“내가 화내면 넌 더 크게 화내겠지”

_ 분노 억제형 성격

화와 공격성을 과도하게 억제하면 심신의 건강을 해친다. 주도권을 내어주고 누군가에게 통제당하게 되므로 수동적인 삶을 살게 된다. 건강한 수준의 공격성이 허용되고, 그것을 잘 통제할 수 있을 때 삶은 재미있어진다. 내가 내 삶을 통제하고 있다고 생각하기에 안정감을 느낄 수 있다. 그래서 효능감과 자신감, 즐거움을 느끼는 삶을 살 수 있다.

버림받을까봐 복종하기로 한 나

그리스 신화에는 아름다운 용모의 젊은 나르시소스와 그를 사랑하는 숲의 요정 에코의 이야기가 나온다. 여신 헤라의 저주를 받아 목소리를 잃어버린 에코. 그녀는 누군가가 말을 할 때만 그 소리를 따라 할 수 있다. 가엾은 에코는 나르시소스를 사랑하게 된다. 자기중심적이고 거만한 나르시소스는 에코를 거들떠도 보지 않았지만, 에코는 그의 곁을 떠나지 않는다. 그녀는 나르시소스가 자신에게 친절하고 사랑스러운 말을 해주기를 간절히 바랐다. 그렇게 해야 자신도 나르시소스에게 그 말을 반복할 수 있으니까.

어느 날 나르시소스는 물에 비친 자신의 모습을 보고 "나는 너를 사랑해!"라고 말한다. 그래서 에코도 나르시소스를 향해 "나는 너를 사랑해!"라고 말할 수 있었다. 하지만 물에 비친 자기 모습에 심취해 있던 나르시소스는 그녀의 목소리를 듣지 못한다. 나르시소스의 관심과 사랑을 한 번도 받지 못한 에코는 우울한 감정에 빠져 점점 음식과 물을 먹지 않게 되고, 결국 죽음에 이르렀다. 나르시소스 역시 물에 비친 자신의 모습에 넋을 잃고 있다가 연못에 빠져 죽게 된다. 이 비극적인 이야기에서 한 사람은 병적인 자기 사랑에 빠져 있고, 또 한 사람은 그의 사랑을 얻기 위해 모든 것을 희생하며 그의 모습을 거울처럼 반영한다.

나르시소스를 떠나지 못했던 에코처럼, 가학적이고 착취적인 사람에게 종속되어 살아가는 사람들이 있다. 희생당하고 빼앗기는 삶을 살면서도 그 관계에서 벗어나지 못한다. 이 사람들의 심리는 앞서 언급한 자기희생적 성격이거나 거짓 자기로 사는 사람과 같다. 동시에 분노와 공격성을 지나치게 억제하는 성격과도 깊은 관련이 있다.

자신의 목소리와 가치, 권위는 희생시키고 상대의 모습만을 거울처럼 반영하고 칭송하는 성격을 '에코 성격(Echo personality)'이라고 부르기도 한다. 이것은 자기애적 부모 밑에서 자라는 아이들이 늘 부모의 사랑과 인정을 바라는 모습과 같다. 이 아이들은 자라서 자기중심적이고 착취적인 친구나 연인, 배우자, 멘토, 직장 상사의 인정과 사랑을 받기 위해 자기 목소리를 버리고 오직 상대방을 찬양하며 그들에게 복종한다. 상대가 자신을 버릴지도 모른다는 두려움 속에 살아간다. 상대방에게 짐이 될까봐 늘 노심초사하고, 버림받지 않기 위해 다른 의견을 내놓지 못한다. 건강한 자기주장도 할 수 없다. 관계에 문제가 생기면 자신 때문이라고 스스로를 자책한다. 그리고 상대방을 향해서는 결코 화를 낼 수 없다. 화를 내지 못하는 에코의 모습이 바로 분노 억제형 인정중독의 모습이다.

상냥함과 친절함 밑에 가득한 울분

수지 씨의 어머니는 사교적이고 외향적인 분이었다. 늘 상냥하고 웃는 얼굴로 사람들을 대했기에 어느 자리에서나 환영받았다. 수지 씨는 어머니가 화를 내는 모습을 본 적이 없다. 부정적인 감정을 드러내는 일도 거의 없었다. 하지만 수지 씨만 아는 어머니의 모습이 있다. 아직 한낮인데도 어머니는 침실로 들어가 방을 어둡게 하고 잠을 청하곤 했다. 밖에서는 사람들에게 밝고 활기찬 모습을 보였지만, 집에 돌아온 어머니는 무척 지친 듯했다. 어머니의 표정은 피곤하고 우울해 보였고, 스트레스를 잠으로 해결하려는 것 같았다.

그러던 어느 날 어머니는 암에 걸렸다는 진단을 받았다. 병상에서 어머니는 수지 씨에게 처음으로 자기 이야기를 들려주었다.

어머니의 상냥함과 친절함 밑에는 울분이 가득 차 있었다. 사람들에 대한 실망감, 자기 인생에 대한 실패감, 누구에게도 보여줄 수 없었던 수치심, 남편에게조차 친밀감을 느낄 수 없어서 외롭기만 했던 삶을 털어놓았다. 수지 씨의 어머니는 이런 고통스러운 감정을 너무나도 훌륭하게 숨기고 살아왔다. 괴로운 감정의 파도가 휘몰아칠 때마다 어머니는 스스로에게 말했다고 한다.

"잠을 좀 자고 나면 기분이 나아질 거야."

수지 씨의 어머니는 괴로운 감정을 누구에게도 털어놓지 못하고, 오롯이 혼자 감당했다. 침대에 누워 잠을 청하는 것 외에는 감정을 조절할 방법도 알지 못했다. 작은 스트레스는 견딜 수 있었지만, 감당하기 어려운 스트레스는 어머니의 마음과 몸을 쇠약하게 했다. 특히 버팀목이 되어주던 남편이 몇 년 전 세상을 떠난 후로는 상태가 급속히 악화되었다. 한번 우울감과 불안이 엄습하면 걷잡을 수 없이 괴로웠다고 했다. 마음의 괴로움은 몸의 저항력마저 무너뜨려 암세포를 막아내지 못했다. 수지 씨의 어머니와 같이 외향적이면서 자신의 감정을 회피하는 성격을 '암 유발 성격(cancer personality)'이라고도 한다.

수지 씨의 어머니는 왜 분노를 억압하는 인정중독이 되었을까? 수지 씨의 외할머니는 차갑고 냉정한 분이었다. 누가 자신에게 기대고 의존하는 것을 몸서리치게 싫어했다. 어린 딸조차 자신에게 다가오면 밀쳐냈고, 작은 실수만 저질러도 심하게 매질을 했다. 딸이 서러워 울고 있을 때는 저 혼자 울음을 그칠 때까지 그냥 내버려 두었다. 그렇게 하면 아이 스스로 울지 않고 참는 법을 터득할 거라고 믿었다. 그런 외할머니 밑에서 자란 수지 씨의 어머니는 어려서부터 '애 어른' 같았다. 외할머니가 요구하는 것은 무엇이든 척척 해냈다. 나이가 어린데도 이미 '독립적인' 어른 같았다. 마치 나르시소스에게 단 한 번이라도 사랑과 관심을 받고 싶었던 에코처럼, 수지 씨의 어머니는 학대하는 어머니 곁을 떠나지 못하고 착하고 순종적인 딸로 살았다.

가혹한 어머니 곁에서 살아남기 위해서 수지 씨의 어머니는 감정을 느끼는 마음의 스위치를 꺼버렸다. 누군가에게 의존하고 싶다는 감정도 화가 나는 감정도, 자신이 어떻게 해볼 수 없었기에 괴롭고 불편하기만 했다. 수지 씨 어머니는 스스로 마음의 스위치를 꺼버렸을 뿐만 아니라 누군가 자신의 감정을 알아주리라는 기대도 하지 않았다. 그 때문에 누구에게도 자기 이야기를 하지 않았던 것이다. 특히 '화'는 가장 위험한 감정이었다. 어머니의 사랑을 영원히 잃어버릴 수 있다는 두려움 때문에 화를 억누르고 회피하는 성격으로 성장했다. 하지만 화는 회피한다고 해서 사라지는 감정이 아니다. 오히려 마음의 긴장을 더 높여 심리적으로나 생리적으로나 높은 불안과 흥분 상태가 꺼지지 않고 계속된다. 이처럼 화를 억눌렀던 것이 치명적인 암의 원인이 되었을 수 있다.

흔히 좋은 관계는 사랑만 존재하는 관계라고 생각하기 쉽다.

하지만 그런 관계는 오래가지 못한다. 인간의 감정은 늘 변화하기 때문이다. 진정한 애착의 관계에서는 사랑과 미움이 모두 존재한다. 그 사람을 사랑하지만 때로 밉고 화도 난다. 그것이 인간적이고 자연스러운 일이다. 화를 낼 수 있다는 것은 오히려 관계가 튼튼하다는 신호일 수 있다. 화를 표현해도 유지될 수 있는 관계가 오래 지속되는 관계이고 친밀한 애착의 관계다.

사랑에 대한 확신 없이는 화낼 수도 없다

분노 억제형 인정중독자들은 다음과 같은 특징을 보인다.

- 남에게 부정적인 감정을 표현하는 것이 매우 힘들다.
- 타인과 충돌이 일어날까 늘 염려한다.
- 타인과의 갈등을 피하기 위해서라면 어떠한 희생도 감수한다.
- 상대방을 화나게 하고 싶지 않기 때문에 건설적인 비평도 제시하지 못한다.
- 상대방이 화를 낼지도 모르는 말이나 행동을 하기가 몹시 불안하고 걱정이 된다.
- 상대방이 화를 내거나 싸움을 걸어올 것이 두려워서 남들에게

거의 맞서지 못한다.

- 누군가에게 화가 나거나 갈등이 빚어졌을 때, 너무 걱정이 되어 몸에도 병이 생긴다.

분노 억제형 인정중독이 되는 데에는 네 가지 이유가 있다.

첫째, '내가 그를 좋아하는 만큼 그도 나를 사랑할까?' 하는 의구심이다. 그의 사랑을 믿을 수 없을 때 우리는 화를 낼 수 없다. 화를 냈다가 상대를 잃을 수도 있기 때문이다.

둘째, 자신의 화가 대단히 강력한 파괴력을 가지고 있다고 믿을 때도 화를 낼 수 없다. 상대방을 다치게 할 수 있기 때문이다. 그를 다치게 하면 결국 그를 잃게 된다.

셋째, 어떻게 화를 표현하는지 알지 못해도 화를 낼 수 없다. 이런 사람들이 화를 다루는 방법은 단순하다. 화를 꾹 참는다. 그러다 한계에 다다르면 폭발한다. 이 방법은 화를 피하는 방식이고 화를 늘 억누르는 방식이다. 억누르는 방법밖에 모르는 사람은 화를 낼 수 없다.

넷째, 화가 나면 어찌할 바를 모른다. 화를 다루는 것은 이 세상 무엇보다도 두렵고 어려운 일이다. 내가 화라는 감정을 견디지 못하듯이 그 사람도 화를 견디지 못할 것 같다. 그 사람이 나와 똑같은 심리적 취약성을 가지고 있다고 믿을 때, 우리는 화를 낼 수 없다.

공격성을 억압한 대가는 너무나 크다

화와 공격성은 관계를 위협한다. 나와 상대방을 다치게 할 수 있다. 그래서 마음은 불안이라는 경고 신호를 보낸다. 불안은 화와 공격성을 덜 파괴적인 방향으로 표현하도록 돕는다. 건강한 자기주장으로 표현되는 화와 공격성은 나를 보호하고, 관계도 보호한다.

그런데 경고 신호가 너무 약해서 화를 여과 없이 파괴적으로 표출하는 사람들도 있다. 죄책감 없이 폭력과 살인을 저지르는 반사회성 인격을 가진 사람들이 그렇다. 반대로, 경고 신호가 너무 강해서 화와 공격성을 지나치게 억제하는 사람들도 있다. 이때도 파괴적인 결과가 나타나는데, 오히려 경고 신호가 약한 사람들의 경우보다 더할 수 있다.

공격성을 억압함으로 해서 지불해야 하는 대가는 너무나 크다. 공격성을 과도하게 억제하면 심리적 건강을 해친다. 또한 자발적이고 적극적인 삶을 방해받는다. 주도권을 내어주고 누군가에게 통제당하게 되므로 수동적인 삶을 살게 된다. 책임과 의무감만 존재하는 삶이다. 늘 요구를 받으면서 굴욕감과 수치감, 긴장과 불안을 겪게 된다. 자존감이 크게 상처받고 심리적으로 병든 사람이 되어버린다. 우울병과 불안장애가 올 수도 있다.

공격성을 건강하게 조절할 수 있을 때, 건강한 마음을 갖게 된다. 그래서 정신분석에서는 가장 성숙한 방어기제로 유머와 승화를 꼽는다. 공격성과 화를 억제하지 않고, 가장 적응적인 형태로 표출하는 방식이기 때문이다. 건강한 수준의 공격성이 허용되고, 그것을 잘 통제할 수 있을 때 삶은 재미있어진다. 내가 내 삶을 통제하고 있다고 생각하기에 안정감을 느낄 수 있다. 그래서 효능감과 자신감, 즐거움을 느끼는 삶을 살 수 있다.

공격성을 지나치게 억압하면 신체적으로도 병이 생긴다. 화를 억압하든 폭발시키든 감정의 흥분은 지속되고, 몸 안의 교감신경계도 계속해서 흥분 상태가 된다. 스트레스 상황이다. 스트레스는 코르티솔을 증가시켜 백혈구의 활동을 억제하고, 림프구를 죽이며, 암세포를 죽이는 NK 세포의 활성을 방해한다. 과도하게 분노를 억제하는 사람은 결국 면역력이 약해져 신체적인 병에 잘 걸린다. 앞서 본 수지 씨의 어머니가 그 예다. 실제 연구 결과로도 분노를 억제하는 성격에서 폭식증, 고혈압, 암 발생률이 높다는 사실이 밝혀졌다.

"No"라고 말하려면 세 가지 장벽을 넘어야 한다

어떻게 하면 공격성을 파괴적이지 않게 표현할 수 있을까? 어떻게 하면 건강하게 자기주장을 할 수 있을까?

건강한 자기주장은 자신의 욕구를 명확히 인식하고, 그 욕구를 상대방에게 언어로 표현하는 것을 말한다. 때로는 상대방의 욕구와 내 욕구가 충돌하기도 할 것이다. 그러나 어느 한편이 희생하는 것이 아니라 서로에게 가장 유익하고 고통을 줄이는 방향으로 타협해나갈 수 있다. 이것이 건강한 자기주장이다.

"나의 입장을 전혀 고려하지 않고 자기 입장만 강요하는 사람에게 'No'라고 말하라"라는 조언을 듣고, 전적으로 수긍이 되어서 그렇게 해야겠다고 마음먹었다고 해보자. 하지만 이를 실행에 옮기는 건 쉬운 일이 아니다. 왜일까? 자기주장을 가로막는 마음속의 장애물들이 있기 때문이다. 이 장애물을 이해하지 못하면 나의 욕구는 늘 포기되고 만다. 어떤 장애물이 있는지 구체적으로 살펴보자.

첫째, 불안

'No'라고 말하지 못하는 이유는 두렵기 때문이다. 불안은 위험한 일이 다가오고 있을 때 느껴지는 감정이다. 무엇이 두려운 것일까? 내가 느끼는 위험은 어떤 것일까?

정글에 도사리고 있는 호랑이처럼, 때때로 위험은 객관적인 현실이며 외부에 있다. 하지만 프로이트는 1926년 논문에서 위험은 주관적인 현실이며, 마음 내부에도 존재한다고 말했다. 그는 인간에게 불안을 일으키는 위험 상황을 제시했는데 갓 태어난 순간부터 성장하는 순서대로 정리한 것이다. 인간의 불안은 이 다섯 가지 내적 위험 상황으로 대부분 설명할 수 있다. 프로이트가 말한 다섯 가지 위험 상황은 다음과 같다.

- 첫 번째는 철저한 무기력 상태가 되는 것이다. 무기력 상태는 자극이 너무 강력하여 자아가 견딜 수 없는 한계 상황에 이르렀을 때 온다. 내 존재가 붕괴되어버릴 것 같은 상황을 말하며, 인간이 견디기에 가장 고통스러운 감정 중 하나다. 이런 무기력 상태에 빠질 것이 예상될 때 불안을 느낀다.
- 두 번째는 사랑하고 의존하는 대상을 잃어버리는 것이다. 부모를 잃어버리고 걷잡을 수 없이 불안해하는 아이들이 느끼는 불안이다.
- 세 번째는 내가 의존하는 사람의 인정과 사랑을 잃어버리는 것이다. 예컨대 아이는 부모의 인정과 사랑을 받아야만 심리적으로 생존할 수 있는데, 이를 잃어버릴 것 같을 때 불안해한다.
- 네 번째는 부모 중 같은 성별의 부모로부터 보복을 당하고 신

체적 손상을 당하는 것이다. 이때 아이가 보복을 당하는 이유는 자신과 다른 성별의 부모를 차지하려 하기 때문이다.

- 다섯 번째는 마음속에 자리 잡은 양심과 초자아의 비난이다. 그 때문에 죄책감과 수치감을 느끼게 되고 처벌을 받을 것 같아 불안해진다.

위험이 외부에 있는지 아니면 내 마음 안에 있는지, 내가 느끼는 위험이 객관적인 사실에 근거한 것인지 아니면 내 마음의 환상과 연결되어 과장되게 느껴지는 것인지를 구분할 필요가 있다. 구분이 될 때 합리적인 대응이 가능해진다. 마치 공포스러운 소리와 압도적인 그림자로 겁을 주었던 오즈의 마법사가 사실 그렇게 힘세고 강력한 신이 아니었던 것처럼. 이것을 알게 되었을 때 두려움을 극복하고 "No"라고 말할 수 있다.

둘째, 회피

미국의 관광지 그랜드캐니언에는 바닥이 강화유리로 된 전망대 그랜드캐니언 스카이워크가 있다. 유리 위를 걸으면 마치 하늘 위를 걷는 것처럼 발밑으로 까마득히 깊은 계곡이 보인다. 분명히 강화유리가 나를 받치고 있다는 것을 알지만, 떨어질까 두려워 몸이 굳어버린다. 이와 마찬가지로 내가 느끼는 불안이 단지 마음속 위험 환상에서 유래되었을 뿐이라는 사실을 알고 있음에도

"No"라고 자기주장을 하는 것은 여전히 위험해 보인다. 아직도 두렵다.

왜일까? 그것은 테스트를 해보지 않았기 때문이다. 그랜드캐니언 스카이워크를 직접 걸어봐야만 유리 바닥이 충분히 안전하고 사람이 올라서도 떨어지지 않는다는 사실을 알게 되듯이, 거절도 직접 해봐야 그 결과를 알게 된다. 한 번도 거절해보지 않고 "No"라고 말해보지 못했다면, "No"라고 말하는 것은 대단히 위험한 것이라는 위험 환상의 영향을 여전히 받게 된다. 계속되는 회피는 자신이 가진 위험 환상을 더욱더 강화한다. 내 환상이 진짜인지 가짜인지 회피하지 말고 테스트해보자. 어려운 것이 아니어도 좋다. 당장 시도할 수 있는 작은 자기주장부터 실천해보자.

셋째, 분노 억제의 심리

앞의 두 가지 장애물을 극복했음에도 합리적인 자기주장을 하기가 어렵다면, 내 마음속에서 분노에 대한 불안이 해결되지 않았기 때문이다. 그 때문에 분노를 지나치게 위험한 것으로 여기고 억제하는 것이다. 분노 억제는 네 가지 심리적 뿌리를 갖고 있다.

첫 번째는 자기주장과 공격성을 혼동하는 것이다. 자기주장은 상대를 공격하는 것과는 전혀 별개의 것이다. 그런데 논리적으로는 이 두 가지를 구분할 수 있다 하더라도 감정의 세계에서는 같은 것으로 느낄 수 있다. 이런 상황이라면 누군가에게 "No"라고 말하는 것이 그 사람을 공격하고 상처 주는 것으로 느껴져 불안해진다.

이런 혼동이 왜 생겨난 것일까? 어려서부터 지나친 과잉보호(혹은 과잉통제)를 받았기 때문이다. 어린 자녀의 자기주장은 매우 자연스럽고 건강한 현상이다. 그런데 아이는 자기주장을 한 것일 뿐인데, 어떤 부모는 마치 아이가 자신에게 도전하고 공격한 듯 과도하게 통제한다. 이때 문제가 생긴다. 감정과 호기심, 필요와 주장을 펼치는 것이 지나치게 좌절될 때 아이는 부모를 향한 강한 분노와 공격적인 충동을 느끼며 성장한다. 자라면서 실제로 부모에게 반항하고 비위를 거스르기도 한다. 이런 과정에서 아이에게는 자기주장과 공격이 같은 것으로 인식된다.

하지만 결국 아이는 약자이기에 분노와 공격적 충동을 그대로 드러낼 수 없다. 자칫 부모에게 공격당하고 버림받을 수 있기 때문이다. 아이는 분노와 공격적 충동을 억압하고 권위에 복종하려는 노력을 시작한다. 하지만 마음 한편에는 부모에게 느꼈던 울분이 여전히 남아 있다. 그래서 성인이 되어서도 권위적 대상과의 관계에서 어려움을 겪는다. 부모는 자녀의 자기주장을 격려해야 하고, 아이가 좌절할 때 느끼는 분노 역시 자연스러운 것이므로 공감해주어야 한다. 동시에 아이를 지나치게 통제하기보다 합리적인 대안을 제시해주어야 한다.

두 번째는 '모든 갈등은 파괴적이다. 반드시 피해야 한다'라는 생각이다. 상대에게 상처를 줄까봐 지나치게 조심스러워하고 소극적인 사람의 마음에는 다음과 같은 믿음이 있을 수 있다.

'나의 분노는 매우 파괴적이고, 분명히 상대에게 상처를 줄 것이다. 나의 분노로부터 상대를 보호하고, 관계를 보호해야 한다.'

대체로 상처에 매우 예민하고, 심리적 상처를 경험한 사람이 이런 경향을 보인다.

세 번째는 합리적이고 건강한 욕구와 과도한 이기심을 혼동하는 것이다. 완벽주의적 성격의 인정중독에서 언급한 것처럼 지나치게 처벌적이고 비판적인 초자아를 가진 사람은 자신의 건강한 욕구마저 이기심이라고 여긴다. 나 자신의 욕구가 정당하다고 느낄 수 있어야 그것을 주장할 수 있다. 다른 사람의 욕구는 정당해 보이지만 내 욕구는 이기심으로 보인다면, 자기주장을 할 수 없고 늘 희생하게 된다.

네 번째, 극단적인 관계의 그림을 가지고 있는 사람도 자기주장이 힘들다. 갈등을 피하는 사람은 자기주장도 피한다. 그래서 좀 우유부단하긴 하지만 순하고 착한 사람으로 남아 있고자 한다. 하지만 그들은 마음속에 인간관계에 대한 매우 극단적인 두 가지 그림을 갖고 있다. 최고로 좋은 사랑의 관계이거나 극단적으로 싫은 관계다. 싫든지 좋든지 양극단만 있다. 이때 좋은 관계를 유지하기 위해서 둘 중 한 사람은 반드시 희생자의 역할을 해야 한다. 희생을 거부하고 상대에게 '싫다'는 감정을 전하는 순간

곧 사랑의 관계가 끝난다고 생각한다. 사랑의 관계를 유지하기 위해서는 "No"라고 말해서는 안 된다. 항상 "Yes"라고만 해야 하고 끊임없는 자기희생을 해야 한다. 성장 과정에서 지나친 통제를 받았던 사람들이 대체로 이와 같은 관계의 그림을 내면에 가지고 있다. 이들은 타협하는 관계를 경험해보지 못했을 가능성이 크다. 이렇게 내면화된 관계는 무의식에서 끊임없이 영향력을 발휘한다. 이제부터라도 상대방의 욕구를 수용하면서 모두가 만족하는 타협을 배워야 한다. 타협이 가능한 새로운 관계를 배울 때 비로소 편하게 자기주장을 할 수 있다. 서로의 목소리를 동등하게 존중하는 수평적 관계에서 타협이 일어난다. 타협은 관계를 보호하고 서로의 갈등과 고통을 줄여주는 가장 성숙한 형태의 자기주장이다.

건강하게 분노를 표현하는 법

자신의 분노가 아무리 정당하더라도 파괴적으로 표현된다면 병적이라 할 수 있다. 파괴적이지 않은 방식으로 표현되어야 건강한 분노의 표현이 된다. 극단적으로 분노를 억압하는 것도 문제지만, 분노를 마구 터트리는 것도 문제다.

파괴적인 분노 표현이란 구체적으로 어떤 것일까? 쉽게 말해서 감정이 이끄는 대로 표출되는 분노 표현을 말한다. 분노를 적극적으로 표출하는 것 같지만 사실은 감정에 수동적으로 휘둘리고 있는 것이다. 파괴적인 분노 표현에는 세 가지 종류가 있다. 첫 번째는 관계 파괴적인 분노 표출이다. 예를 들어, 상대방을 모욕하거나 위협하거나 공격적인 행동을 취하는 것이다. 두 번째는 자기 파괴적인 분노 표출이다. 분노를 수동적으로 표현하는 것인데, 화가 난다고 상대방과 대화를 하지 않는 것이 한 예다. 세 번째는 분노 자체를 억제해버리는 것이다. 앞서 이야기한 수지 씨의 어머니와 같은 경우다. 이는 심리적 · 신체적 질환으로 이어지고 결국 자기 파괴적인 결과를 낳는다. 파괴적인 분노 표현은 대상과의 관계에 손상을 주고, 친밀한 관계를 방해하며, 자신에게 고통을 준다. 누구도 얻는 것이 없다.

건강한 분노 표현은 상대방을 무참히 공격해서 제거하는 것이 목적이 아니다. 이는 소통을 목적으로 한다. 나의 분노를 표현함으로써 상대방이 내 마음을 정확하게 이해하도록 돕는 것이다. 나와 상대방이 모두 불완전한 존재라는 사실을 인정하고, 그 불완전함이 만들어내는 갈등을 회피하지 않고 함께 인식하고자 노력하는 것이다. 이를 통해 서로의 욕구와 감정을 더 깊이 이해하는 기회가 만들어지고, 한 단계 더 깊은 친밀감으로 발전할 수 있다. 또한 누구 한 사람이 모두 희생하고 양보하는 것이 아니라 관계 회복을 위해서 서로가 노력할 수 있는 길을 모색하게 된다.

건강한 분노의 표현은 감정에 수동적으로 휘둘리지 않는 것이다. 화가 나지만 합리적 판단으로 주도되며, 궁극적으로는 현실적이고 적극적인 타협을 만들어낸다. 분노는 나의 욕구가 침해당했을 때 경험할 수 있다. 내가 분노하고 있다면 나의 욕구가 좌절되고 있다는 뜻이다. 이런 의미에서 분노가 건설적으로 표현될 수만 있다면 분노 경험 자체는 매우 유용한 정보가 된다. 즉, 내가 원하는 것이 무엇인지 또는 원치 않는 것이 무엇인지를 명료하게 알게 해준다. 또한 분노는 내가 원하는 것을 현실적으로 성취하기 위해 주장하고 실행하도록 이끄는 에너지가 된다. 이는 정체성, 또는 진짜 자기를 확인하는 매우 중요한 작업이다.

분노를 건강하게 표현하는 구체적인 방법

분노를 건강하게 표현하기 위해 가장 먼저 필요한 것은 분노라는 감정에 대해 책임지는 것이다. "당신이 나를 화나게 했다!"라고 말하는 건 분노의 책임을 상대방에게 떠넘기는 것이다. 나는 수동적으로 당하는 위치에 있는 피해자이고, 상대방은 가해자라는 관점이다. 그러니 내가 화를 내는 것은 너무나 정당하고 나에게는 어떤 책임도 없다. 이는 책임지는 자세가 아니다.

분노를 책임지는 마음의 자세는 이런 것이다. '상대방의 행동이 내 마음에서 분노를 촉발시켰구나'라고 보는 관점이다. 분명

상대방이 내 분노를 촉발하는 자극을 주었다. 하지만 그 자극에 반응하는 것은 나 자신이다. 내가 느끼는 분노도 내 마음에서 일어나기에 오로지 나의 책임이다. 분노 표출의 결과도 나의 책임이다. 이처럼 분노가 나의 책임이라는 것을 인식해야 건강한 분노 표현이 가능해진다.

그러고 나면 분노를 표현하는 방법을 선택해야 한다. 이때는 분노를 표현하는 목적이 무엇인지 생각해보아야 한다. 대인관계의 문제나 갈등을 해결하는 것이 목적인지, 내가 받은 상처(수치감, 무기력감 등)만큼의 고통을 주기 위한 것인지, 아니면 화를 냄으로써 나의 문제를 감추기 위한 것인지를 생각해보자. 분노를 표현하는 목적은 서로 이해하고 타협을 형성하는 것이어야 한다. 이를 위해 다음과 같은 단계를 차근차근 밟아가자.

- 행동이 아닌 언어로 분노를 전달한다. 상대에게 고통을 주려는 목적의 언어도 있다. 독설과 공격적인 언어 표현(비난, 고함, 위협, 수치심 유발)은 오래 지속되는 심리적 앙금을 남긴다. 경멸과 정서적 학대는 상대의 심리적 성장도 막는다. 비난은 결코 관계 회복을 돕지 못한다. 대신 '당신의 행동이 나에게 어떠어떠한 영향을 미쳤다'는 사실을 말로 설명하는 것이 훨씬 효과적인 분노 전달 방법이다. 이때 'I-message'를 이용하는 것이 좋다.
  "당신이 의도했는지는 모릅니다. 하지만 당신이 나를 무시하는 태도를 보였을 때, 나는 너무 수치스러웠고 화가 났어요."

- 나의 감정을 전달한 후에는 상대방의 반응을 기다려본다.
- 상대방이 문제 해결을 원할 때, 나의 욕구를 표현하고 조정 과정을 가진다.

  "앞으로는 나를 함부로 무시하는 표현을 하지 말아주세요."

  "앞으로는 나의 의견을 경청해주세요."
- 상대가 여전히 사과하지 않고, 문제에 대해 이해하려 하지 않는 등 방어적인 태도를 보일 때는 나의 실망감을 표현하는 것으로 대화를 정리하고, 상대방에게 생각할 시간을 주는 것이 좋다.
- 관계는 한 사람의 노력만으로는 발전하기 어렵다. 비록 만족스럽지 못한 반응을 경험하게 되었더라도 내가 상대방의 마음을 바꿀 수는 없다. 이 사실을 받아들이자. 대신 나의 울타리를 견고하게 세우자. 상대방이 또 그 울타리를 함부로 짓밟는다면, 나의 감정을 다시 한 번 표현하고 울타리를 지켜가자.

◆ 현실적이고 건강한 불안과 비합리적인 불안 구분하기

프로이트가 말한 다섯 가지 불안은 인간이라면 누구나 경험하는 것이다. 하지만 불안을 느끼는 정도는 사람마다 다르다. 타고난 기질에 따라서도 달라지고, 성장 과정에서 받은 다양한 심리적 상처 탓에 실재하는 위험의 정도보다 훨씬 강렬하게 불안을 느끼는 사람도 있다. 불안감이 클수록 비합리적인 생각들이 떠오른다.

앞에서 소개한, 감정 일기를 쓰던 수영 씨의 이야기를 더 해보겠다. 수영 씨는 직장 상사인 김 과장에게 혼날까봐 너무나 두려워했다. 김 과장과 마주치는 게 무서워 회사에 가기 싫을 정도였다. 물론 김 과장이 불같은 성격으로 화를 잘 내는 사람일 수도 있다. 하지만 그는 직장 동료일 뿐이다. 그런데도 수영 씨는 마치 호랑이 앞에 선 양처럼 두려움을 느꼈다. 수영 씨의 공포감은 그녀 자신의 환상과 연결되어 있었다. 마치 자기가 주장을 펼치면 과장이 자신을 괴물처럼 물어뜯거나 비난하고 쫓아낼 것 같은 불안을 느꼈다. 수영 씨는 자신이 느끼는 그 불안을 당연한 것(합리적인 것)이라고 여겼다.

하지만 괴물이 아닌데도 괴물처럼 느끼는 것은 명백히 비합리적이다. 내 마음의 환상을 외적인 현실처럼 착각하는 것이다. 수영 씨는 무엇이 마음속에 있는 위험이고, 무엇이 밖에 있는 위험인지 구분하지 못했다. 그래서 김 과장을 자신과 같은 사람으로 볼 수 없었고, 무시무시한 괴물로 느꼈다. 수영 씨가 김 과장에게 "No"라고 말할 수 있으려면 그를 괴물이 아닌 사람으로 보아야 한다. 어떻게 해야 할까? 강렬한 불안을 느낄 때 잠시 내 마음을 찬찬히 들여다볼 필요가 있다. 내가 느끼는 불안이 비합리적으로 과장된 것은 아닌지 생각해보자. 이러한 구분을 혼자서 하기가 힘들 때는 누군가의 도움이 필요하다. 부끄럽다고 숨기지 말고 합리적인 판단을 도와줄 수 있는 누군가와 마음을 터놓고 이야기를 나눠보자. 특히 정신분석은 내적 현실과 외적 현실의 구분을 돕는 매우 효과적인 방법이다. 분석가와 함께 내적 현실을 탐구하는 것이 정신분석이며, 불안의 근원을 선명하게 볼 수 있도록 돕는다. 이러한 노력을 반복해가면, 어느 순간부터는 분석가의 도움이 없이도 스스로 내적 현실과 외적 현실을 구분할 수 있는 자기성찰 능력이 생겨난다.

3부

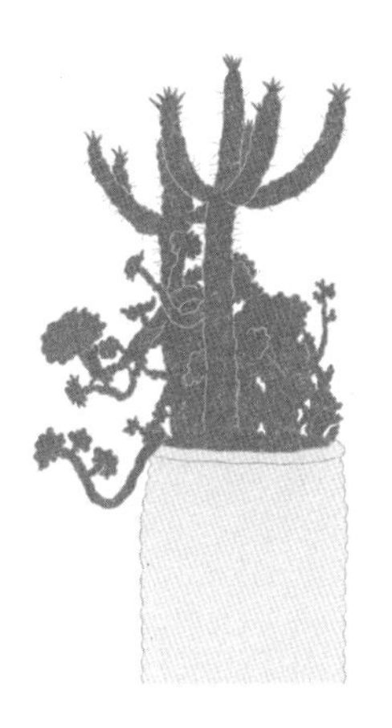

누구의 인정도 아닌,
나로서 편안하고
자유로운 삶을 위하여

8장

상처가 아무는 시간

부모로부터 상처받았고, 충분한 보호방패도 없이 살았던 어린 시절의 경험을 지울 수는 없다. 부모를 바꾸거나 내가 속한 사회를 바꾸는 것도 불가능에 가깝다. 그러나 아직 희망은 있다. 나 자신을 바꾸는 것, 그것은 나만이 할 수 있는 일이다. 나 스스로를 보호하고 건강해지는 것, 병적인 의존관계를 벗어버리는 것, 모두 내가 할 수 있는 일이다.

나를 더 이해할 때 찾아오는 회복과 변화

인정중독에 빠진 사람들은 때때로 이런 의문을 가진다.

'왜 나는 병적인 의존관계에 머무르고 있나?'

'그 사람의 비난이 왜 이렇게나 두려울까?'

'그와 멀어지는 것이 왜 이토록 나를 불안하게 하는 걸까?'

'왜 나는 감정을 견디지 못하고 충동적으로 피하기만 할까?'

'왜 나는 나 자신을 믿지 못할까?'

이처럼 중요한 질문에 대하여 치료자와 함께 내면의 해답을 찾아가는 과정이 정신분석적 치료다. 정신분석적 치료는 통찰을 통해 심리적으로 성장할 수 있도록 도움을 준다. 병의 원인, 즉 마음의 현실을 깨닫는 것을 통찰이라 하며 통찰을 얻으면 성장과 치유가 일어난다. 무엇이 독립을 어렵게 하는지 내면의 이유를 발견하도록 돕기 때문이다. 장애물이 무엇인지 잘 알게 되면 그것을 넘어설 수 있고, 심리적 자립도 촉진된다.

해답을 찾아갈 때 우리는 그동안 몰랐던 무의식의 영향, 두려운 환상이 만들어낸 지나치게 병적인 두려움을 발견하게 된다. 그러고 나면 두려움은 현실적 수준의 불안으로 줄어든다. 마치 늦은 밤 방에 홀로 있을 때 어두운 그림자를 보고 무시무시한 괴물이나 도둑이라 생각해 소스라치게 놀랐지만, 불을 밝히자 옷걸이에 걸린 외투였다는 것을 알고 안도하게 되는 것과 같다. 심리적인 독립이 일어날 때 우리는 건강하고 성숙한 방식으로 사랑하고 의존할 수 있게 된다. 일방적으로 한쪽이 희생하는 것이 아니다. 타인의 욕구와 나의 욕구가 모두 존중되고 두 사람 모두가 만족하는 성숙한 의존이 가능해진다.

자기애적 부모로부터 상처받았고, 충분한 보호방패도 없이 살았던 어린 시절의 경험을 지울 수는 없다. 이제 와서 부모를 바꾸거나 내가 속한 사회 분위기 전체를 바꾸는 것도 불가능에 가깝다. 그러나 아직 희망은 있다. 나 자신을 바꾸는 것이다. 그것은 내가 할 수 있는 일이다. 내가 스스로를 보호하고 건강해지는 것은 충분히 할 수 있는 일이다. 병적인 의존관계를 벗어버리는 것도 내가 할 수 있는 일이다. 이 장에서는 인정중독으로부터 벗어나는 회복의 과정을 살펴보자.

인정중독에서 벗어나는 네 가지 단계

구분

첫 번째 단계는 과거의 나와 현재의 나를 구분하는 것이다. 이 책에서 맨 처음 소개한 사례의 하나 씨는 어린 시절부터 엄격한 아버지의 요구에 따라야 했다. 하나 씨에게는 아버지의 명령을 거역할 만한 힘이 없었기에 아버지가 들이댄 기준을 따를 수밖에 없었다. 어린 하나가 자기 의견을 주장하면 버릇없고 이기적인 아이가 되었고, 스스로를 자랑스럽게 생각하기라도 하면 교만하고 잘난 척하는 재수 없는 아이 취급을 당했다. 어린 시절 하나 씨가 입은 자존감의 상처들과 수치심은 자기애적인 아버지의 책임이지 어린 하나 씨의 책임이 아니다.

그럼에도 성인이 된 하나 씨는 어린 시절 아버지와의 관계를 지금도 여전히 이어가고 있다. 이제는 아버지에게 "그만 좀 비난하세요!"라거나 "말도 안 되는 아버지의 말씀을 더는 듣지 않겠어요!"라고 말할 수 있을 만큼 컸다. 적어도 이성적으로는 아버지가 자신을 통제하지 못하도록 주장할 수 있다는 것을 하나 씨 역시 잘 안다. 하지만 하나 씨는 아직도 착한 딸로서 복종하며 노예처럼 살고 있다. 왜일까? 인간의 무의식 세계에는 시간의 개념이 존재하지 않기 때문이다. 성인이 되었지만 아직도 무의식 속의 아버지가 하나 씨를 버릇없고 이기적이며 재수 없는 아이라고 규정하고 있고, 하나 씨는 그 목소리 그대로 자신을 보고 있는 것이다. 하나 씨는 아버지의 목소리를 따라 자기 자신도 스스로를 그렇게 보고 있다.

이제는 성인이 되었다. 더는 어린 시절처럼 부모에게 매달려 살 필요가 없다. 성인의 안목으로 자신을 새롭게 정의 내릴 수도 있다. 이제 나의 문제를 이해하고, 건강한 자기애를 갖기 위해 노력할 수 있다. 자신을 희생시키는 인간관계를 청산할 책임도 성인이 된 나에게 있다. 외부의 요인(어린 시절에 아버지가 준 상처와 결핍)과 내부의 요인(자기주장을 어렵게 하는 현재의 심리적 불안)을 구분하는 것, 이것이 인정중독에서 벗어나는 첫 번째 단계다.

이해

두 번째 단계는 과거의 상처가 현재의 내 감정과 성격에 미친 영향을 자세히 들여다보고 이해하는 것이다. 그리고 현재의 나의 모습을 수용하는 것이다. 지금까지 자기애적 부모를 경험한 자녀들이 가질 수 있는 네 가지 성격을 살펴봤다. 각각의 성격 유형과 자신을 비교해보기 바란다. 이 과정은 어쩌면 매우 괴로울 수도 있다. 자신의 모습을 거울에 비춰보고 '객관화'하는 데에는 커다란 용기가 필요하다. 문제가 있으나 이를 보지 않으려 할 때 우리는 무기력해지고 만다. 무엇이 문제인지를 확인해야만 해결할 수 있다는 희망도 생긴다. 나의 모습, 나의 심리적 상황과 문제를 있는 그대로 보고 수용할 때 치유가 일어난다.

변화

세 번째 단계는 반복되는 병적 관계를 수정하기 위해 노력하는 것이다. 어쩌면 가장 어려운 단계일 수 있다. 그동안 소외시켜왔던 나의 감정과 욕구를 인식하고 대인관계에서 건강하게 표현하는 것이다. 이는 상대방에게 거절당하고 버림받을지 모른다는 공포감과 불안을 견딜 수 있을 때 가능하다. 완벽하지 않아도 수용될 수 있다는 믿음이 있을 때 자기 자신의 감정과 욕구를 내보일 수 있다.

앞서 2부에서는 인정중독에 빠지기 쉬운 네 가지 성격 유형을 살펴보고, 각각을 극복할 수 있는 실제적인 방법을 알아보았다. 특히 이전에 경험하지 못했던 새로운 관계, 즉 내가 부족하더라도 진심으로 나를 이해하고 믿어줄 누군가와의 관계 경험이 중요하다는 것을 여러 차례 강조했다. '가학적이고 착취적인 관계'에서 생존하기 위해서 나의 경계를 만들고 유지하기 위한 구체적인 방향도 살펴보았다. 변화를 위한 이런 노력은 한 번도 시도해보지 않았던 새로운 관계 맺기 방식이기 때문에 처음에는 불편하고 어색하며 심리적인 불안감이 클 수도 있다. 이때 나를 깊이 이해해주고 합리적인 대안을 제시해주는 지혜롭고 지지적인 조력자나

치료자를 만나면 도움이 된다. 포기하지 않고 도전할 수 있는 힘을 얻을 수 있을 것이다. 그런데 이상에서 제시한 세 가지 단계만으로는 충분하지 않다. 다음의 네 번째 단계가 꼭 필요하다.

애도

네 번째 단계에서 할 일은 '애도'다. 애도는 돌아가신 분을 그리워하고 슬퍼하는 것을 말한다. 여기서 말하는 의미도 같다. 나에게 소중한 무엇인가를 잃어버렸다는 것을 인식하고 슬퍼하는 과정을 가리킨다.

자신의 삶을 재조명하다 보면 나의 어린 시절에 결핍되었던 것들이 보일 것이다. 그동안은 인식하지 못했지만 늘 마음 한편에서 들려오던 목소리도 다시금 듣게 될 것이다. 예컨대 '내가 외롭고 상처받았을 때 누구도 내 곁에 있어주지 않았어'라거나 '엄마는 한 번도 내 목소리에 귀를 기울여주지 않았어'와 같은 마음 아픈 목소리다. 어른이 되어버린 지금 이것을 깨닫게 되면 너무나 큰 슬픔과 좌절감이 몰려올 것이다. 하지만 시간을 되돌려 다시 어린아이가 되는 것은 불가능하다. 그때 받지 못했던 엄마의 사랑을 다시 받을 수도 없다. 의식적으로는 그것을 잘 알지만, 무의식에서는 아직도 완벽한 엄마를 만나고 싶다는 갈망과 소망이 계속된다.

'언젠가는 내가 원하던 사랑을 받을 수 있을 거야.'

'내가 보낸 편지를 읽고 엄마는 깊이 뉘우치고 나에게 사과할 거야.'

'언젠가는 엄마가 바뀌어서 더 공감적인 반응을 해줄 거야.'

이와 같은 소망은 포기하기 힘들다. 하지만 나의 편지를 읽고도 엄마가 바뀌지 않을 때, 완벽한 사랑(또는 치료자나 배우자)을 만날 수 있을 것이라는 희망이 좌절되었을 때 극심한 슬픔과 좌절이 찾아온다.

'내가 그렸던 꿈은 이루어질 수 없는 것이구나.'

'관계를 회복할 기회가 다시 오지 않을 수도 있겠구나.'

이러한 커다란 슬픔과 상실감을 받아들이고 무의식적 소망을 서서히 포기해가는 과정, 이것이 애도의 단계다. 애도의 단계를 거치면서, 슬프지만 이제는 내가 얻을 수 없는 것이 무엇인지 받아들일 수 있게 된다. 그리고 내게 주어진 환경 속에서 얻을 수 있는 현실의 만족도 맛보게 된다. 어린 시절의 상처와 좌절에 몰두하던 인생에서 시선을 돌려, 불완전한 나와 엄마를 현실적으로 바라보고 인정할 수 있는 인생으로 변한다. 실망과 집착과 원망을 벗고 비로소 독립된 나의 삶을 살아갈 수 있게 된다.

9장

자유는 공짜로 주어지지 않는다

다이아몬드는 진흙 속에 있든 전시장에 있든 다이아몬드라는 사실에 변함이 없다. 마찬가지로 나의 가치도 누가 인정해주든 인정해주지 않든 언제나 변함이 없다. 완벽주의와 흑백논리로 나를 공격하는 내면의 목소리가 들리거든, 그 목소리에 무너지지 말고 맞서라. 그 목소리가 얼마나 비합리적인지 스스로를 설득하라. 이것은 나의 영역이고, 나의 책임이다.

진짜 나의 가치를 찾는 비결

브로니웨어 여사는 말기 환자들을 돌보는 일을 했다. 죽음을 눈앞에 둔 환자들은 자신들이 살아온 인생 이야기를 많이 했다. 살 날이 얼마 남지 않았기 때문에 그들의 한마디 한마디는 너무나 절절했다. 그런데 그들에게 공통점이 하나 있었다. 후회의 말을 많이 한다는 것이었다. '그렇게 살지 말았어야 했어', '나는 내가 살고 싶은 삶을 살지 못하고 주위 사람들이 원하는 삶을 산 게 후회스러워'였다. 남들에게 보이기 위한 삶, 배우가 연기하듯 살아온 삶을 안타까워하는 것이다.

'나는 달콤하고 고소한 믹스커피가 좋다. 그러나 남들 앞에서 나는 늘 쓰디쓴 블랙커피를 마셨다. 촌스럽다고 할까봐.'

죽음을 눈앞에 두고도 후회스럽지 않을 삶은 어떤 모습일까? 브로니웨어 여사의 환자들이 했던 후회의 말을 되짚어보면 힌트를 발견할 수 있다. 주위 사람들이 원하는 삶이 아니라 내가 살고 싶은 삶을 사는 것, 아마도 그것은 말년에 이르러서만이 아니라 살아가는 매 순간에도 행복을 안겨줄 것이다. 그리고 아마도 그렇게 하기가 쉬운 일이 아니기에 그처럼 후회의 말을 하는 사람도 많을 것이다.

자신이 누군가에게 매우 특별하고 중요한 존재라는 것을 확인하는 것만큼 만족스럽고 행복한 경험이 있을까? 누군가와 깊이 친밀해지고, 그 관계가 흔들림 없다는 것을 느낄 때만큼 안심되고 평화로운 순간이 있을까? 누군가에게 인정받는 경험은 깊은 만족감과 행복감을 주는 경험이다. 하지만 낮은 자존감과 무가치감에 끊임없이 시달리는 사람들은 인정중독의 큰 창살 안에 갇히기 쉽다. 이들에게 인정받는 것은 마음의 괴로움을 잠시 줄여주는 마약성 진통제다. 인정받을 때 잠시 안도하지만 곧 다시 극심한 의심과 불안이 찾아오고 마약을 찾듯 인정받기에 매달린다.

어떻게 하면 이 굴레에서 벗어날 수 있을까? 계속해서 다른 사람들의 인정을 받으면 해결될 수 있을까? 아니다. 마음속의 자기 의심은 사람들의 인정을 받는다고 해소되는 게 아니다. 오직 한 사람의 인정이 필요할 뿐이다. 그것은 바로 나 자신이다.

인정중독의 창살 안에 갇힌 사람들은 혼자 있는 시간을 두려워한다. 늘 누군가와 함께 있기를 원한다. 함께 있을 사람이 없을 때는 정신없이 바쁘게 일에 몰두하거나, 술이나 음식을 탐닉하거나, 뭔가를 배우고 있어야 한다. 왜일까? 혼자 있는 순간에는 사기 내면의 목소리를 오롯이 견뎌야 하기 때문이다. 혼자 있을 때 들리는 내면의 목소리는 가혹하다.

'너는 무능해!'

'너는 의존적이야!'

'너는 미성숙해!'

'너는 못생겼어!'

'누구도 너를 좋아하지 않아!'

내면의 목소리는 합리적이지 않다. 모든 것을 흑과 백으로 나눈다. 완벽하지 않으면 무가치하다고 말한다. 남보다 조금만 모자라도, 작은 실수만 해도 인격 전체를 공격한다. 자존감을 무너뜨리고 나를 수치스럽게 만든다. 완벽주의의 목소리이고, 절대 나 자신을 괜찮은 사람이라고 인정해주지 않는 목소리다.

인정중독에서 자유를 찾기 위해서는 이 문제를 해결해야 한다. 내가 나를 인정해줄 수 있어야 한다. 남에게 인정받지 못해도 나는 내 값을 가지고 있다는 사실을 확고하게 붙잡을 수 있어야 한다. 그때 비로소 인정중독의 악순환을 끊을 수 있다. 다이아몬드는 진흙 속에 있든 전시장에 있든 다이아몬드라는 사실에 변함이 없다. 마찬가지로 나의 가치도 누가 인정해주든 인정해주지 않든 언제나 변함이 없다. 다만 다른 사람들이 인정해주지 않을 때 내가 나의 가치를 모를 뿐이다.

완벽주의와 흑백논리로 나를 공격하는 내면의 목소리가 들리거든, 그 목소리에 무너지지 말고 맞서라. 그 목소리가 얼마나 비합리적인지 스스로를 설득하라. 이것은 나의 영역이고, 나의 책임이다. 그러니 내적 전투를 치러야 하는 사람 역시 나 자신이다.

지독한 자기 의심에서 벗어나려면

내면의 자기 비난이 줄어들고 나면, 비로소 나 자신이 객관적으로 보이기 시작한다. 완벽하지 않고 부족한 점도 있지만, 남들에게 없는 나만의 고유한 가치가 보이기 시작한다. 나와 남이 더 확실하게 구분되고 나의 목소리가 생기기 시작한다. 이전에는 타인의 인정을 받는 데 급급했기에 눈에 보이는 것들이 중요했고, 순위와 숫자가 중요했다. 최고의 대학, 수십억의 부동산, 모델과 같은 외모, 페이스북의 '좋아요'나 트위터의 팔로어 수 등. 눈에 보이는 것들만이 비교가 가능하기 때문이다. 하지만 인정받는 데 매달리지 않게 되면 남들 눈에는 보이지 않는 나만의 특별함과 능력이 보이기 시작한다.

• 힘든 일이 있어도 포기하지 않고 버틸 수 있었던 나

- 다른 사람의 슬픈 마음을 잘 들어주고 공감해주었던 나
- 이전에는 두려워서 하기 어려웠던 자기주장을 이제는 용기 내어 할 수 있게 된 나
- 이전보다 자신의 감정과 생각을 더 깊이 이해하게 된 나

눈에 보이지 않지만, 다이아몬드와 같은 내면의 보석들이다. 우리의 자존감은 이러한 눈에 보이지 않는 가치들이 결정한다.

자유는 내가 이겨낸 두려움의 크기만큼

미국 워싱턴 D.C.에는 한국전쟁 참전용사 공원이 있다. 한 번도 만나본 적 없는 아시아의 작은 나라 대한민국 국민을 위해 목숨 바친 5만 2천 명의 참전 미군이 거기 잠들어 있다. 이곳의 한 벽면에는 '자유는 공짜로 주어지지 않는다(Freedom is not free)'라는 글귀가 새겨져 있다. 이 짧은 글귀는 많은 것을 생각하게 한다. 자유는 위험을 무릅쓰고, 생명을 바쳐 쟁취해내는 것이다. 그곳의 영령들을 비롯하여 수많은 군인의 용기와 희생이 있었기에 우리는 자유를 지켜낼 수 있었다.

심리적인 자유도 마찬가지다. 내가 변화하고자 노력하는 만큼

자유로워진다. 인정중독에서 자유를 얻기 위해서는 나의 모습을 있는 그대로 인정하고 수용하고자 하는 노력이 있어야 한다.

자신의 감정을 회피하지 않는 노력, 때때로 불편하고 괴롭더라도 자신의 내적 갈등을 직시하는 노력이 필요하다. 또 버림받음에 대한 두려움을 무릅쓰고 관계 안에서 나의 욕구를 주장하는 것, 다른 사람이 함부로 나를 지배하지 못하도록 나의 울타리를 세우고 지키는 것도 자유를 얻기 위해 꼭 해내야 하는 나의 임무이자 책임이다.

다만 한 가지, 무의식의 영향은 생각보다 강력하다는 점을 기억하자. 무의식에 자리 잡은 어린 시절의 결핍 경험은 나를 특별할 것도 없고 사랑스럽지 않은 사람으로 보게 하고, 나의 가치를 의심하게 한다. 그래서 나를 계속해서 인정중독의 사슬로 묶어두려고 한다. 그것은 의식 밖에 있기 때문에 나의 노력으로 통제하기도 어렵다.

우리의 마음에는 의식되지 않지만 분명히 존재하는 감정과 기억, 갈등, 환상, 남과 관계 맺는 방식, 나 자신에 대한 이미지 들이 있다. 이것을 무의식의 정신활동이라고 한다. 무의식의 세계는 성장 과정에서 자신에게 위협이 되는 불편한 것들을 의식 밖으로 밀어냄으로써 생겨난다. 예를 들어 너무나 두려운 것, 지나치게 자극하는 것, 너무나 수치스럽게 하는 것, 너무나 역겹게 하는 것들이 바로 그것이다. 이들이 의식에서 사라졌다고 해도 완전히 없어진 것은 아니다. 무의식에 자리하고 있다가 끊임없이 의식으로 올라오려 하며 우리의 생각, 감정, 성격, 삶의 방식, 의사 결정, 행동에 매 순간 강력한 영향을 미친다. 그런 방식으로 무의식의 세계는 때때로 우리의 마음에 고통을 일으키고, 인간관계에서 갈등과 문제를 일으킨다.

의식적인 노력에도 불구하고 반복해서 자신을 의심하고, 무가치감에 휩싸일 수 있다. 이것을 실패로 느끼거나 부끄러워하지 말자. 내가 아직 통제할 수 없는 무의식의 영향 때문이다. 더 오래 지속되는 긍정적인 변화를 위해서는 내 안에 있는 무의식의 세계에 접근할 필요가 있다. 이것이 정신분석이 줄 수 있는 특별한 유익이다.

10장

인정받는다는 것,
그 특별한 기쁨과 만족감

나의 다양한 감정을 이해해주고, 견뎌주고, 거절하지 않는 안전한 관계가 필요하다. 내 삶의 울타리를 분명하게 주장해도 나를 버리지 않고 이해해주는 관계 안에서, 내가 차근차근 나의 내면을 이해해갈 때 멈추었던 성장이 다시 시작된다. 마음의 힘이 커지면 나의 한계를 부끄러워하지 않고 받아들일 수 있게 된다. 이것이 진정한 자존감을 갖게 할 것이다.

나를 자랑스럽게 만드는
자기인정의 힘

원치 않았던 가혹한 환경과 과거의 상처는 무의식에 자존감을 해치는 뿌리를 남긴다. 이 때문에 스스로 기죽고, 남의 눈치를 보며 살아온 세월이 너무나 억울하다. 하지만 안타깝게도, 우리는 시간을 되돌릴 수가 없다. 어려서 받지 못한 사랑과 칭찬을 다시 받는다 해도 마음속의 결핍을 다 채울 수가 없다.

그렇다면 어떻게 해야 할까?

상처 때문에 멈춰진 마음의 성장을 다시 이어가야 한다. 그러기 위해서는 나의 다양한 감정을 이해해주고, 견뎌주고, 거절하지 않는 안전한 관계가 필요하다. 눈에 보이지 않는 나의 고유한 가치를 인정해주는 사람을 찾아 새롭고 친밀한 관계를 시작해야 한다. 내 삶의 울타리를 분명하게 주장해도 나를 버리지 않고 이해해주는 관계 안에서, 내가 차근차근 나의 내면을 이해해갈 때 멈추었던 성장이 다시 시작된다. 마음의 힘이 커지면 나의 한계를 부끄러워하지 않고 받아들일 수 있게 된다. 이것이 진정한 자존감을 갖게 할 것이다.

이렇게 성장하고 변화하도록 돕는 것이 치료의 과정이다. 특히 정신분석적 치료가 도움이 된다. 정신분석에서는 분석가와 피분석가가 많게는 일주일에 4~5회, 그리고 길게는 수년 동안 만나 이야기를 나눈다. 안전한 테두리 안에서 내가 누구인지, 무의식의 어떠한 영향을 반복적으로 경험하는지 대화를 통해 함께 이해해 간다. 한번 이해가 되었다고 해도, 무의식의 변화가 일어나기까지 같은 주제를 반복해서 다루기도 한다. 시간과 노력이 많이 소요되는 치료이지만, 가장 근본적인 지점인 무의식에서부터 의미 있는 변화를 일으키는 강력한 치료 방법이다.

정신분석은 내적 성장을 도와준다. 분석가와 깊이 연결되어 진행되는 체계적인 분석을 받으면, 심리적으로 성장하고 스스로 자존감을 유지할 수 있는 마음의 힘이 생긴다. 아래 다섯 가지 심리적 능력이 그것이다.

- 자신의 인생을 스스로 책임지고 결정하고 행동하는 능력
- 견디기 어려운 감정을 견디고 관찰할 수 있는 능력
- 갈등을 피하지 않고 견디는 능력
- 삶 속에 실제로 존재하는 위험과 내 마음속 환상에 근거한 위

험을 구별하는 능력

- 지나치게 이상적인 내적 기준을 현실적이고 유연한 기준으로 대체하여 자신을 합리적으로 평가하는 능력

리 재피 박사는 저서《대화는 어떻게 마음을 치유하는가 (How Talking Cures)》에서 마음을 성장시키는 여섯 가지 치료적 과정을 소개했다. 감정을 경험하고 표현하는 과정(카타르시스), 분석가의 합리적인 자아와 성숙한 초자아를 내면화하는 과정(동일시와 함입), 자신에 대한 이해의 폭을 넓히는 과정(통찰), 심리적 위기 상황에서 경험되는 지지적 관계 경험(직접적 지지), 그리고 분석실 안에서 얻게 된 지식을 분석실 밖의 실제 삶으로까지 확대해 나가는 과정(훈습) 등이 그것이다.

이와 같은 치료의 과정은 프로이트의 정통 정신분석에서 시작된 것이지만 오늘날 여러 형태의 심리치료에도 적용되며, 각 치료 기법의 효과를 높이고 있다.

완벽하지 않아도 나로서 인정받는 특별한 관계

하나 씨는 정신분석적인 정신치료를 받았다. 권위자 앞에서 자

기 목소리를 내지 못하고, 다른 사람의 평가에 따라 자존감이 늘 흔들렸으며, 누구에게도 화를 내지 못했던 하나 씨. 다른 사람의 인정을 갈구하느라 자신의 삶을 살아가지 못했던 그녀는 어느 날 공황장애를 겪은 후 분석실을 찾게 되었다. 그리고 수년간 치료를 계속해왔다.

하나 씨는 누구에게도 털어놓지 못했던 진짜 자신의 모습을 용기를 내어 이야기했다. 그 과정에서 자신이 그토록 인정에 집착하게 된 이유가 자기 마음속에 있는 아버지 때문이었다는 사실을 이해하게 되었다.

치료에 위기도 있었다. 그녀는 치료자를 아버지로 느끼고 치료자에게 인정받기 위해 노력했다. 하지만 치료자는 하나 씨가 기대한 만큼 노력을 인정해주지 않았다. 실망스럽고 화가 났다. 치료자가 자기를 무시하는 것 같았고, 보기 싫어하는 것 같았다. 동시에 치료자가 자기 마음을 꿰뚫어 보는 것 같았다. '이런다고 뭐가 달라져?'와 같은 회의감도 들었다. 치료를 끝내버리고 싶었다.

그러던 어느 날, 하나 씨는 실수로 분석실 화분을 넘어뜨렸다. 하나 씨는 엄청난 불안을 느꼈다. 사과하고 또 사과하고, 변상하겠다며 용서를 구했다. 그러나 분석가의 태도는 예상 밖으로 담담했다. 하나 씨를 보며 이렇게 말했다.

"하나 씨는 실수로 화분을 넘어뜨렸을 뿐인데, 마치 큰 죄라도 지은 것처럼 미안해하시네요. 그럴 만한 이유가 있으신가요?"

그 말을 듣는 순간 어두운 방에 불이 켜지듯이 자신의 마음이 보이기 시작했다. 화분 사건을 분석하는 과정에서 하나 씨는 자기 마음속에 분석가에 대한 엄청난 분노가 억눌려 있다는 것을 알게 되었다. 자신의 노력을 알아주지 않는 분석가에 대해 분노가 쌓였고, 그 분노가 실수 행동을 유발했으며, 지금 하나 씨는 이 화풀이 행동에 대해 처벌을 받을까봐 두려워한 것이다. 이전에 하나 씨는 '화'라는 감정을 볼 수 없었다. 그런데 화분을 넘어뜨린 그 순간, 자신의 마음에 있는 강한 분노를 볼 수 있었다. 하나 씨는 매우 두려웠다.

'내가 선생님에게 이처럼 화가 나 있다니!'

곧 치료자가 자신의 마음을 알아채고, 비난하고, 치료를 중단할 거라고 생각했다. 하지만 치료자의 태도는 한결같았다.

"무엇이 당신을 그처럼 화나게 했을까요? 혹시 내가 하나 씨를 화나게 할 어떤 행동을 했던 걸까요?"

그녀의 화나는 감정은 이 순간에 '비난의 대상'이 아니라 '이해의 대상'이 되었다. 그녀는 두려웠지만 용기를 내서 자신의 실망감을 말로 표현했다. 치료자는 하나 씨의 마음을 그대로 공감해 주었다.

그날 화분 사건을 통해 하나 씨는 아주 특별한 경험을 했다. 그 일 이후 사는 것이 신나고 재미있어졌다. 마음이 든든하고, 무엇이든 해낼 것 같다는 용기와 기대가 생겼다. '이것이 자유로움이

구나'라고 생각했다.

하나 씨의 치료가 종결되는 날이었다.

"마지막 날이네요, 선생님. 오늘은 무슨 말을 할지, 무슨 말부터 할지 준비를 하지 않았어요. 예전 같으면 나를 포장해서 좋은 마무리를 하려고 노력했을 거예요. 그런데 오늘은 그렇게 하고 싶지 않아요. 이제는 나를 꾸미는 것이 더 힘이 들어요. 있는 그대로 보여드리고 싶어요. 그게 가장 자연스러우니까요."

하나 씨의 눈에 눈물이 맺히는 것이 보였다.

"마지막이라는 생각이 드니 슬퍼요. 제가 이런 말을 할 수 있을 줄 몰랐어요. 어떤 감정이든 잊으려 노력했고, 나는 불안 말고는 느끼지 못하는 사람인 줄 알았거든요. 내 마음을 드러내도 괜찮다는 것을 배웠어요. 처음에는 선생님이 나를 비난할까봐 두려웠어요. 돌아보면, 이 자리에서 선생님을 만나온 시간은 저에게 정말 특별한 것이었어요. 제 마음을 이렇게까지 누군가에게 털어놓은 적이 없었어요. 아버지에게 받은 깊은 상처에 대해서도 선생님께 처음 이야기했어요. 누구와도 가져본 적이 없는 새로운 경험이었어요."

하나 씨는 자신의 치료를 돌아보고 있었다.

"제가 얻은 많은 것 중에 가장 큰 것은 나 자신의 모습을 보게 된 거라고 생각해요. 이전에는 내가 누구인지, 무엇이 부족한지,

무엇을 원하는지 몰랐어요. 어떤 방향으로 가야 할지 몰랐어요. 이제는 내가 어떻게 살아가야 할지 조금씩 깨닫게 돼요. 다른 사람의 인정보다 더 중요한 것이 있다는 것을 알았어요. 그건 나 자신이라는 것. 이제는 나를 위해서 살고 싶어요."

잠시 말을 멈추었던 하나 씨는 치료자를 바라보며 진심 어린 목소리로 말했다.

"선생님 생각이 많이 날 것 같아요. 지금까지 제 이야기를 한결같이 들어주신 것 정말 감사했어요. 그리고 진심으로 저를 대해주셔서 감사했어요."

시간이 되었고, 마지막 인사를 나누었다. 하나 씨도 치료자도, 헤어짐의 슬픔과 아쉬움을 느꼈다. 동시에 두 사람은 하나 씨가 얼마나 성장했는지도 보았다. 그녀의 마음 안에 커다란 변화가 시작되고 있었다. 하나 씨는 자신이 얼마나 소중하고 가치 있는 사람인지 이해하게 되었다. 지금부터는 하나 씨 혼자서 자유를 찾는 여정을 계속해나갈 것이다. 그 여정을 통해 하나 씨는 자신을 소중히 여기고, 진짜 자기의 모습으로 당당하게 살아가게 되리라 믿는다.

에필로그 내가 행복해지는 인정으로부터의 자유

샌디에이고 정신분석연구소에서 연수를 마쳐갈 무렵, 나는 한 분의 교육분석가를 찾아갔다. 자기 심리학을 깊이 연구하신 샤피로 박사다. 이제는 연로하신 샤피로 박사는 라호야 바닷가 근처에 자리한 자신의 집 한쪽에 소박한 분석실을 두고 있었다. 자존감과 자기애에 대해서 준비해간 몇 가지 질문을 함께 나누던 중, 샤피로 박사가 매우 인상적인 이야기를 꺼내셨다.

두세 살 무렵의 어린 딸아이를 둔 엄마가 있습니다. 아이가 정원에서 흙장난을 하다가 여러 가지 모양의 돌멩이들을 모았습니다. 이 돌멩이들을 두 손 가득 들고 엄마에게 다가옵니다.

이때 엄마가 소리칩니다.

"얘야, 더럽게 그게 뭐야. 그 지저분한 돌들을 어서 버려!"

이때, 아이는 당황하고 슬퍼합니다. 아이의 마음에 하나의 목소리가 들립니다.

'내가 좋아하는 것을 엄마는 좋아하지 않는구나. 나에게는 엄마를 기쁘게 할 수 있는 것이 없구나. 내가 가진 것만으로는 부족하구나!'

또 다른 엄마가 있습니다. 두 손 가득 돌멩이를 들고 온 아이에게 엄마가 말합니다.

"와, 예쁜 보석들을 이렇게 많이 찾아왔구나! 정말 멋지다!"

환하게 웃는 엄마의 눈 속에서 아이는 반짝이는 빛을 봅니다. 아이는 그 빛을 기억하고 평생을 삽니다. 엄마의 눈빛 속에서 아이는 '내가 좋아하는 것을 엄마도 좋아하는구나. 아! 내 안에도 엄마를 기쁘게 할 수 있는 무언가가 있구나! 나에게 뭔가 좋은 것이 있구나'라는 매우 중요한 감정을 갖게 됩니다. 이것은 매우 특별한 기쁨이자 만족감입니다. 이것이 아이 자존감의 핵심이 됩니다.

아이를 향해 웃으며 눈을 반짝였던 엄마. 이 엄마는 아이의 감정적인 욕구를 잘 이해하고 있었다. '엄마, 내가 자랑스럽지?'라며 인정받고, 확인받고 싶어 하는 아이의 마음을 정확하게 이해했다. 아이가 가진 이 욕구를 자기애적 욕구(narcissistic need)라고 한다.

그리고 이 같은 엄마를 정신분석에서는 '공감적인 엄마(empathic mother)'라고 한다. 공감적인 엄마는 아이를 충분히 '인정'해줄 수 있다. 이것을 정신분석가 코헛은 거울 역할(mirroring)이라고 했다. 엄마의 거울 역할은 자녀가 건강하고 합리적인 초자아와 자존감을 형성해가는 데 대단히 중요하다.

이때 엄마가 자신의 기준에 따라 아이를 평가하지 않고, 아이가 받고 싶어 하는 것을 알아주고 인정해주었다는 사실이 매우 중요하다. 이렇게 충분한 '인정받음'을 경험한 아이의 마음에는 '나에게는 좋은 것들이 있어', '사람들은 나를 좋아해줄 거야'라는 믿음이 자리 잡게 된다. 그리고 인생의 어느 순간, 자존감이 상처받는 위기의 순간에 처하더라도 이러한 내적 믿음이 지나친 불안과 자기비하를 막는 마음의 힘이 되어준다.

아이에게 지저분한 돌멩이를 버리라고 했던 엄마. 이 엄마는 자신의 기준과 욕구가 확고하다. 매우 현실적이다. 대신 아이의 감정적인 욕구(중요한 사람으로 인정받고 싶다는 욕구)는 무시했다. 엄마의 긍정적인 확인을 바랐던 아이의 욕구는 냉혹한 현실의 기준에 의해 가차 없이 평가절하되었다. 공감적이지 못한 엄마다. 어쩌면 엄마가 원하는 진짜 '보석'을 찾아올 때에야 아이는 '인정'받고 칭찬을 들을 수 있을지 모른다. 이러한 엄마는 아이가 원하는 '인정'을 충분하게 주지 못한다. 이때 아이는 엄마의 기준에 맞추지 못한 자신에 대해 '나는 부족한 사람', '엄마가 언제든 나에 대한 사랑을 거둘지 몰라'라는 믿음을 갖게 된다. 이 믿음은 아이의 마음에 깊이 자리하여, 성장하는 동안 가혹한 초자아의 목소리가 된다. 그리고 계속해서 아이의 자존감을 위협하고, 내면적 위기를 초래한다.

이 아이는 성장해서 인정중독에 빠진다. 객관적으로는 능력 있고 많은 사람에게 인정받을지라도 마음 안에서는 늘 자신이 부족하다는 감정을 느끼며 산다. 여전히 비난당할까봐 두려워하고, 버림받을까봐 불안해한다. 자존감이 낮아져 자신이 무가치한 사람처럼 느껴질 때는 외부의 인정에 절실히 매달린다. 자신의 가치가 흔들리는 것은 심리적 생존의 문제이기 때문이다. 매 순간, 지금까지 그래왔듯 앞으로도 완벽하게 잘해내야 한다는 엄청난 부담 속에 산다. 불안에 휩싸이면 나에게 어떤 강점이 있는지, 과연 나에게 거절할 수 있는 용기가 있는지, 혼자서도 괴로운 감정을 견딜 수 있는지 확신을 갖지 못한다. 이러한 자기 상실의 불안(narcissistic mortification)은 극심한 공허감과 무력감을 유발하며, 심리적 생존을 위협한다. 그 고통을 줄이기 위해 타인의 인정에 절박하게 매달리는 것이다.

견고한 자존감과 안정적인 애착 경험은 인정중독에 빠지지 않게 하는 보호방패가 된다. 하지만 이러한 보호방패를 갖지 못한 사람은 끊임없이 타인의 반응을 확인한다. 가치 없는 자신은 언제든 누군가에게 버림받을지 모른다고 생각하기 때문에 자기의 욕구나 감정을 표현하지 못한다. 대신 상대방을 기쁘게 하려고 노력하게 된다.

❖❖❖

인정중독에서 자유로워지는 일, 이미 늦은 것일까? 결코 늦지 않았다. 혹시 이미 늦었다고 생각된다면 변화를 시도하는 것이 두렵기 때문은 아닌지 자신에게 물어보자.

희망은 능동적인 태도에서 온다. 그 출발점은 자신의 현실로 돌아가는 것이다. 특히 내면의 현실, 나의 감정으로 시선을 돌려야 한다. 감정을 가까이할 때 비록 불안과 두려움을 느껴 불편하기도 하지만, 비로소 취약함을 견디는 힘(tolerance for vulnerability)이 생긴다. 취약함을 견디는 능력은 내가 가진 다른 수많은 능력을 동원하기 위해서 꼭 필요한 심리적 무기다.

또 희망은 나 자신의 가능성을 발견할 때 생긴다. 자신을 무능하고 무가치하다고 공격하는 내면의 소리에 합리적으로 맞서보자. 내 능력을 넘어서는 자기 비난은 비합리적이다. 비합리적인 요구는 나의 책임이 아니다. 나를 현실적으로 평가할 때 비로소 내가 어디까지 도달할 수 있는지 보게 된다. 그것이 곧 가능성의 발견이다.

나의 현실적인 한계를 그대로 수용하자. 나의 한계가 드러나는 곳에 이르면 부끄러워하지 말고 누군가에게 도움을 청하자. 나의 한계를 인정할 때 오히려 절망감에서 벗어나게 될 것이다.

내가 할 수 있는 것은 회피하지 않고 시도해보자. 회피는 두려움을 키우는 충전기와 같다. 회피하지 않을 때 학습된 무력감에서 벗어날 수 있고, 나의 재능과 독립적인 능력을 발견하게 될 것이다.

나를 너무 비하하지도 말고, 과대평가하지도 말자. 나를 지나치게 비하하는 것은 스스로를 공격해서라도 무력감을 느끼지 않으려는 것이고, 나를 과대평가하는 것은 열등감을 부인하는 것이다. 대신 내가 가진 소중한 강점과 감정들을 존중하자. 그러면 견고한 자아상을 찾아가게 될 것이다.

이 책을 통해 독자들이 자신의 독특한 내면세계에 진지하고 공감적인 관심을 갖게 되었기를 바란다. 이 세상에서 유일무이한 존재인 자신을 소중한 보석처럼 재발견하게 되길 바란다. 그렇게 될 때, 자존감의 위기가 찾아와도 흔들리지 않고 나를 잃지 않게 된다. 이것이 인정중독에서 진정한 자유를 찾는 길이라 믿는다.

타인의 인정으로부터 자유로워지는 연습

누구의 인정도 아닌

초판 1쇄 발행 2017년 8월 21일 초판 10쇄 발행 2024년 3월 6일

지은이 이인수 · 이무석

펴낸이 이승현

출판2 본부장 박태근

W&G 팀장 류혜정

디자인 조은덕

펴낸곳 (주)위즈덤하우스 출판등록 2000년 5월 23일 제13-1071호

주소 서울특별시 마포구 양화로 19 합정오피스빌딩 17층

전화 02) 2179-5600 홈페이지 www.wisdomhouse.co.kr

ISBN 978-89-6086-489-4 [03180]